DER ROTE FADEN Karl Teuschl/
Wolfgang R. Weber

West-Kanada

W0172710

Kanadas Westen
Abenteuer à la carte 8

Die Routenplanung 12

**Chronik Kanadas und des
Westens** 16

**DREI WOCHEN DURCH
WEST-KANADA**

1 **Programm:** Vancouver 25
Vancouver: Zum Auftakt ein
Höhepunkt 31

2 **Route:** Vancouver – Whistler –
Lillooet (267 km) 40
Vom Pazifik in die Berge
Nach Whistler und Lillooet 38

3 **Route:** Lillooet – Cache Creek –
Kamloops –Vernon (295 km) 49
Am Fluß ohne Wiederkehr
Der Fraser River und das
Okanagan-Tal 50

4 **Route:** Vernon – Revelstoke
(181 km) 56
»Ein Nagel wie jeder andere ...«
Canadian Pacific Railroad 58

5 **Route:** Revelstoke – Golden –
Kimberley (384 km) 62
Regenwald und Gletschereis
Giant Cedars und Glacier-
Nationalpark 64

6 **Route:** Kimberley – Waterton
(305 km) 70
Fort Steele
Pioniere und Polizisten 72

7 **Route:** Waterton – Pincher Creek –
Calgary (331 km) 79
Berge und Büffel
Waterton Lakes National Park 81

8 **Programm:** Calgary 87
Calgary
Von der Cowtown zur Oil-City 89

9 **Route:** Calgary – Banff/Lake
Louise (127/192 km) 95
**»Zum Wohle, Vorteil und
Vergnügen der Bevölkerung . . .«**
Im Banff National Park 98

10 **Route:** Lake Louise und Yoho
National Park (110 km) 106
Das Herz der Rockies
Gletscherseen und steile Gipfel . . 107

11 **Route:** Lake Louise – Jasper
National Park – Jasper (284 km) . . 114
Der Icefields Parkway
Traumstraße der Rockies 116

12 **Route:** Jasper – Clearwater (360 km) 122
Ein Fluß, der Verstecken spielt
Maligne River 124

13 **Route:** Clearwater – Wells Gray Provincial Park – Williams Lake – Quesnel (462 km) 131
Seen, Wälder, Wasserfälle
Wells Gray Provincial Park und Williams Lake 132

14 **Route:** Quesnel – Barkerville – Prince George (285 km) 135
»Gold in the Cariboo«:
Die Goldgräberstadt Barkerville . . 136

15 **Route:** Prince George – Fort St. James – Smithers (492 km) . . . 139
Holzfäller, Pioniere und Pelzhändler
Von Prince George nach Smithers 140

16 **Route:** Smithers – Hazelton – Prince Rupert (380 km) 144
Totems und Lachse
'Ksan Indian Village und North Pacific Cannery Museum 146

17 **Route:** Fahrt mit der Fähre durch die Inside Passage (440 km/ 15 Std.) 153
»Sehfahrt« durch die Inside Passage 154

18 **Route:** Port Hardy – Campbell River (272 km) 158
Die singenden Wale von Telegraph Cove 160

19 **Route:** Campbell River – Tofino (276 km) 165
Vom Sonnenstrand zum Regewald: Vom Campbell River nach Tofino 167

20 **Route:** Tofino – Victoria (319 km) 173
Der sonnige Süden Malen, Stricken, Bäumefällen ... 175

21 **Programm:** Victoria 178
Victoria »A very British Town…« 180

22 **Route:** Victoria – Vancouver (88 km) 186
»Manikürte« Gärten und exzentrische Inseln Victoria – Vancouver 188

SERVICE 192
Reiseplanung 192
Reisedaten 199
Sprachhilfen 206

Orts- und Namenregister 208
Bildnachweis 213
Zeichenerklärung ... (in der hinteren Umschlagklappe)

Kanadas Westen

Abenteuer à la carte

Ein stiller See, ein
Kanu – der Traum von
Kanada ist perfekt

»Der Fluß führte Hochwasser, war zu schnell und zu
tief, um ihn zu durchwaten. So bauten die Männer ein
Floß und türmten sich und die Ausrüstung darauf. Das
Wasser war jedoch reißender als sie dachten. Am anderen Ufer sprangen der Indianer, sein Junge und einer
der Weißen heraus, konnten das Floß aber nicht halten.
Pfeilschnell schoß es stromab. Ein Stück weiter zog es
die Strömung unter einen überhängenden Baum, der
andere Weiße und die Indianerin wurden wie Fliegen
weggefegt und im Wasser herumgewirbelt.«

Eine abenteuerliche Episode während einer ansonsten gemütlichen dreiwöchigen Urlaubsreise durch West-Kanada? Nicht ganz, denn diese Schilderung einer verunglückten Floßfahrt stammt von zwei Männern, die schon 1862 als erste Touristen in der fast unberührten Wildnis zwischen den Rocky Mountains und dem Pazifik unterwegs waren. Die Erlebnisse ihrer »reinen Vergnügungsfahrt« veröffentlichten Dr. Walter Cheadle und Viscount Milton nach ihrer Rückkehr nach London in einem Reisebericht, der zum Bestseller wurde.

Die Kathedralen der Prärie: Getreidesilos

Heute blickt man von einer modernen Brücke auf die Stromschnellen, und die Strecke entlang des Thompson River, für die Cheadle und Milton drei Monate benötigten, läßt sich auf guten Highways bequem in einem Tag fahren. Die heutigen Lagerplätze haben Swimmingpools und heiße Duschen, die Wanderwege in der ansonsten unberührten Natur des Nationalparks sind fein säuberlich ausgeschildert, und an so manchen einsamen Seen steht eine luxuriöse Lodge, zu der Angler und *hiker* (Wanderer) per Wasserflugzeug herbeischweben.

Trotzdem hat der noch junge Westen Kanadas seine ursprüngliche Wildheit nicht verloren. Beiderseits der wenigen großen Verkehrsadern dehnen sich im Landesinneren wie seit Urzeiten die riesigen Wälder bis zum fernen Horizont. Bergbäche und Flüsse schäumen ungebändigt zu Tal, und Begegnungen mit Bären oder Bergziegen sind nichts Ungewöhnliches.

Kanadas Westen ist aber nicht nur Natur pur. Seit die ersten weißen Pelzhändler vor kaum 200 Jahren in das nur spärlich von Indianern besiedelte Gebiet vorstießen, hat sich das Land mit Riesenschritten zur modernen Industrienation entwickelt. Holz und Öl waren die wichtigsten, im Überfluß vorhandenen Rohstoffe, Eisenbahnen brachten die Siedler, und bald entstanden die modernen Bevölkerungszentren: die grandios gelegene Metropole Vancouver etwa oder die Rodeostadt Calgary. Dennoch ist die riesige

Region bis heute nur extrem dünn besiedelt: West-Kanada, das heißt die Provinzen Alberta und British Columbia, umfassen zusammen eine Fläche von 1,6 Millionen Quadratkilometern, sind also viermal so groß wie Deutschland.

Bei insgesamt 6,5 Millionen Einwohnern leben – rein rechnerisch – in den beiden Provinzen nur vier Menschen auf einem Quadratkilometer. Im engen Deutschland sind es weit über 200. Da bleibt viel Freiraum, vor allem, wenn man bedenkt, daß im Westen fast zwei Drittel aller Kanadier im Großraum der drei Metropolen Vancouver, Calgary und Edmonton leben. Das gewaltige Hinterland der Provinzen ist dagegen nur sehr dünn besiedelt.

Ein riesiges Land also, noch weitgehend un-erschlossen – von den sonnendurchglühten Prärien im Osten Albertas über die Schneegipfel der Rocky Mountains zu den grünen Hügelketten im Inneren von British Columbia und der fjordreichen, gebirgigen Westküste am Pazifik. Wo soll man anfangen, wo aufhören? Welche Panoramen muß man gesehen, welche Städte besucht haben, wo sind die schönsten Wanderwege? Dieser Reiseführer will dabei helfen, West-Kanada zu einem Erlebnis zu machen. Er stellt die Natursehenswürdigkeiten im geruhsamen und interessanten Wechsel mit den schönsten Städten und Erholungsplätzchen vor und teilt sie in leicht verdauliche »Tageshappen« ein. Tips und Tricks ermöglichen es, zur rechten Zeit am richtigen Ort zu sein. Dabei steht jedoch jedem frei, die Pausen zu verlängern. Die Routenvorgabe und Tagesplanung sind so gestaltet, daß sich Landschaften und Wanderungen, Attraktionen und Städte zu einer abgerundeten Erfahrung des Landes zusammenfügen.

Um diesen Vorschlägen eine praktische Form zu geben, die vor Ort leicht umzusetzen ist, erscheinen die für den einzelnen Tag wichtigen Informationen jeweils übersichtlich zusammengefaßt auf den »grünen Seiten« vor dem erzählenden Kapitel. Die detaillierten Kilometer- und Zeitangaben sollen nicht reglementieren, sondern Anhaltspunkte für den Leser sein und die eigene Planung der Entfernungen erleichtern. Abstecher und persönliche Entdeckungen lassen sich

problemlos einbau-
en. Wer nicht – wie
sehr viele der eu-
ropäischen Touristen
– in Vancouver seine
Urlaubstour beginnt,
sondern in Calgary,
kann auch von dort
leicht in die Rund-
fahrt einsteigen. Wer
mehr Wert auf Sport
und Abenteuer,
Wildnis und Wan-
dern legt, pickt sich
einfach die Rosinen
aus den Attraktio-
nen, verkürzt die
Route nach eigenem
Gusto und holt sich
aus den Kapiteln
Anregungen zum
Rafting, Kanufahren
oder zum Aufenthalt
in einer abgelegenen
Lodge. Das Register
am Ende des Buches
erleichtert das Auf-
finden von Orten,
Sehenswürdigkeiten
und Personen.

   Trotz der vielfälti-
gen, überwältigen-
den Eindrücke noch
genug Muße zu ha-
ben, die neuen Im-
pressionen zu verar-

Himmelstürmend:
Wolkenkratzer in der
City von Vancouver

beiten und sich in die fremde Kultur einzufühlen,
West-Kanada weder als grandiose, aber kulturlose
Wildnis noch als banale Folge von Städten und Pan-
orama-Aussichtspunkten zum Abhaken zu begreifen,
sondern als abwechslungsreiches Urlaubsland mit
viel Platz zur individuellen Entfaltung – dabei möchte dieses Buch helfen.

Die Routenplanung

Das Reisen im Westen Kanadas sollte eigentlich kein Problem sein – meint man. Die Voraussetzungen sind nahezu ideal: gute Straßen, eine vorzügliche Infrastruktur mit sauberen Motels und Campingplätzen, mit Tankstellen, Restaurants und Läden, dazu die grandiose Natur und eine hilfsbereite Bevölkerung.

Trotzdem, zu einer gelungenen Urlaubs- und Besichtigungsreise gehört mehr als nur diese äußeren Umstände. Einerseits möchte man alle Höhepunkte des Landes erleben, andererseits aber auch nicht dauernd von Mit-Touristen umringt sein. Einerseits will man das Land möglichst vollständig berei-

Traumurlaub: Kanufahren im Banff National Park

sen, andererseits aber auch nicht die ganze Zeit hinter dem Steuer sitzen und Kilometer fressen. Einerseits möchte man stundenlang an stillen Seen sitzen, in Gebirgen wandern oder in schmucken Städten die Zeit verbummeln, andererseits aber auf keinen Fall wichtige Highlights verpassen. Und am Ende sollte man auch noch erholt aus dem Urlaub heimkehren.

Gründe genug also, sich an einer Route zu orientieren, die die Höhepunkte möglichst vollständig, abwechslungsreich und so aneinandergereiht, daß man sie ohne Besichtigungsstreß genießen kann. Wenn das Wetter mitspielt, ist die in diesem Buch vorgeschlagene Strecke in 22 Tagen gut zu schaffen und verbindet in idealer Weise Sehenswürdigkeiten, kleine Wanderungen und Stadtbesichtigungen miteinander. Allerdings können Wetter und vor allem persönliche Interessen mehr Zeit erfordern. Viele der Abstecher lohnen sich nur bei schönem Wetter, Baden und Wandern macht erst bei strahlendem Himmel Spaß. Daher ist es gut, einige Tage zum individuellen Verschieben in Reserve zu halten – in Banff kann man dann bei Regen notfalls einen Tag abwarten, um für die Traumstrecke auf dem Icefields Parkway (Route 11) Sonne zu haben.

Ideal für die Rundtour durch Westkanada sind daher etwa **vier Wochen** Zeit. Man reserviert dann die Fähre ab Prince Rupert nicht für den 17. Reisetag, sondern erst für den 22. oder 23. Tag. So bleiben fünf Tage zur individuellen Gestaltung. Tage, an denen man sich von den teils doch recht langen Fahrstrecken erholen kann. Tage zum Wandern, Baden, Reiten oder einfach zum Faulenzen. Kurz, Pausentage, an denen man die neuen Eindrücke vertiefen und verarbeiten und jeden aufkeimenden Besichtigungsstreß abbauen kann. Alternativ ließe sich auch mal ein Routentag dieses Buches in zwei Reisetagen abbummeln, man will vielleicht einen der empfohlenen Abstecher unternehmen oder geht auf eigene Entdeckungsfahrt.

Eine ideale vierwöchige Reise könnte folgende fünf Zusatztage einschließen:
- ein Tag zum Wandern im Banff National Park
- ein Tag für die Bootstour am Maligne Lake oder

zum Wandern im Jasper National Park
- nach der Route 13 eine Kanutour oder auf den Bowron Lakes im Boworon Lake Provincial Park
- nach der 22. Route ein Extratag zum Shopping und Bummeln in Vancouver.

Was ist aber nun, wenn man tatsächlich nur **drei Wochen** Zeit hat? Aus Erfahrung ist zu empfehlen, dann lieber ein Stück der Route zu kürzen, als auf zwei bis drei Pausentage zu verzichten. Man könnte etwa den Südostteil weglassen und über Revelstoke und Golden direkt nach Banff fahren. Oder man verzichtet schweren Herzens auf die Fährfahrt entlang der Westküste und kehrt von Jasper über Kamloops und das Okanagantal wieder nach Vancouver zurück, eventuell hängt man dann noch einen mehrtägigen Abstecher nach Vancouver Island und Victoria an. Dies wäre auch die beste Route für Spätbucher, die keine Reservierung mehr für die Fähre bekommen (vgl. auch Serviceteil, S. 194).

Wer gar nur **14 Tage** Zeit für einen Kurzurlaub in West-Kanada hat, kann sich zwei andere Optionen überlegen: Entweder eine Tour von Vancouver nach Calgary oder umgekehrt mit Rückgabe des Mietfahrzeuges am jeweiligen Zielort (Rückführgebühr). Oder man fliegt nach Vancouver und unternimmt eine ausgedehnte Tour auf Vancouver Island.

Die Möglichkeiten, die Route durch Alternativstrecken zu variieren, sind allerdings begrenzt. Der junge Westen des Landes hat nur ein weitmaschiges Straßennetz, so daß man immer wieder auf die in diesem Buch beschriebene Strecke zurückkommen wird und sie auch in verschiedenen Versatzstücken in eine selbst geplante Reiseroute einbauen kann. In jedem Fall schadet es nicht, bereits vor dem Abflug einmal mit dem Finger auf der Landkarte vorauszureisen.

Noch eine Anmerkung zu den Karten: Alle Tageskarten im Buch zeigen die genaue Routenführung.

Zusätzliche Straßenkarten von Alberta und British Columbia kann man vor der Reise bereits vom kanadischen Fremdenverkehrsamt (vgl. Serviceteil, S. 196 f.) bekommen. Vor Ort gibt es kostenloses Kartenmaterial bei den Infostellen der Provinzen, oder man geht zum kanadischen Automobilklub CAA (vgl. Serviceteil, S. 200).

Die bei den meisten Routen recht exakten Zeitangaben wollen nicht gängeln, sondern sind als Orientierungshilfen gedacht. Wie lange man selbst für eine bestimmte Strecke benötigt, kann stark variieren. Trotzdem schadet es nicht, vorab zu wissen, wie weit der nächste Punkt entfernt ist und wie lange man bei normaler, zügiger Fahrt dorthin braucht. Ob man letztendlich diese Strecke fährt, ist eine andere, ganz persönliche Entscheidung. Abstecher und eigene Entdeckungen, Zusatztage und Umwege durchs Hinterland können den Reisegenuß nur bereichern.

Blick vom Schiff über die Strait of Georgia und den Mount Baker

Chronik Kanadas und des Westens

*»Ein Volk ohne Geschichte ist wie
Wind über dem Büffelgras.«*
Sprichwort der Prärieindianer

*Das Siegel der »Hudson's
Bay Company« in Lower
Fort Garry*

Vor 70 000 bis 12 000 Jahren v. Chr.

In mehreren Wellen wandern nomadische Jägervölker aus Asien über die Beringstraße nach Nordamerika ein. Besonders an der nahrungsreichen Westküste entstehen hochentwickelte Kulturen, deren
Schnitzkunst bis heute berühmt ist. Die in großen
Dörfern fest ansässigen Indianer leben von den über-
reich vorhandenen Lachsen, von Muscheln, Beeren
und Wild. Die Haida der Queen Charlotte Islands
machen sogar in großen handgeschnitzten Kanus
Jagd auf Wale. Bis zu 50 000 Indianer leben vermutlich um 1700 n. Chr. entlang der Westküste des heutigen Kanada. Im Landesinneren ist das Auskommen
karger. Die Prärieindianer ziehen in kleinen Famili-
enverbänden durch das weite Land und treffen sich
nur zu Zeremonien und zur alljährlichen Büffeljagd.
Erst durch die von den Weißen nach Amerika
gebrachten Pferde entsteht im 18. Jahrhundert die
kriegerische Präriekultur, die heute aus den Hol-
lywood-Western bekannt ist.

1497 n. Chr.

Bereits fünf Jahre nach der Entdeckung Amerikas
durch Christoph Columbus segelt der Venezianer Giovanni Caboto (John Cabot) im Auftrag englischer
Kaufleute bis vor die Küste von Neufundland und
beansprucht das Land für die englische Krone.

1534/35

Auch Frankreich zeigt Interesse an der Neuen Welt.
Der Seefahrer Jacques Cartier aus St. Malo segelt im
Auftrag des französischen Königs über den Nord-

atlantik und entdeckt den St.-Lawrence-Strom. Er ist es auch, der erstmals den Begriff *kanatta* verwendet, der im Irokesischen »Dorf« bedeutet. Aus diesem Wort entwickelt sich später vermutlich der Name »Kanada«.

1576–78

Der Engländer Martin Frobisher unternimmt drei Expeditionen nach Nord-Kanada, um die sagenhafte Nordwest-Passage nach Asien zu finden. 1610 folgt ihm ein weiterer britischer Entdecker, Henry Hudson, der die später nach ihm benannte Hudson Bay erkundet.

17. Jahrhundert

Frankreich nimmt nun die Besiedelung Nordamerikas ernsthaft in Angriff. Der Kartograph und Pelzhändler Samuel de Champlain erkundet die Ostküste und das St.-Lawrence-Tal. 1608 gründet er Québec. In den folgenden Jahrzehnten entsteht eine florierende Pelzhandelskolonie. 1675 leben bereits über 8 000 Franzosen in Kanada.

2. Mai 1670

Prince Rupert, ein Vetter des englischen Königs Charles II., gründet zusammen mit 17 Londoner Kaufleuten die »Hudson's Bay Company«, die später zu einem der größten Handelsimperien der Welt wird. Biberpelze sind es vor allem, die die Engländer suchen, denn die neue Hutmode in Europa – Zylinder und Dreispitz – braucht Filz, der aus dem wolligen Unterpelz der Nagetiere hergestellt wird. Dem König ist es nur recht, daß nun Engländer von Norden her den Franzosen in Kanada die Stirn bieten – und die Company selbst weiß noch gar nicht, wieviel Land ihr gehört. Das Territorium der »Hudson's Bay Company«, *Rupert's land*, umfaßt das Einzugsgebiet aller Gewässer, die in die Hudson Bay fließen: insgesamt vier Millionen Quadratkilometer, ein Handelsgebiet von der Größe eines Zwölftels der Erdoberfläche. Es wird die »Hudson's Bay Company« sein, die West-Kanada in den nächsten zwei Jahrhunderten regieren wird – raffgierig und wie ein kapitalistisches Wirtschaftsunternehmen, aber auch vergleichsweise rücksichtsvoll im Umgang mit den Indianern, mit

Prince Rupert, Gründer der »Hudson's Bay Company«

denen die Pelzjäger ja handeln wollen und deren Kultur sie nicht zerstören.

1756–63

Im Siebenjährigen Krieg, in Nordamerika »French and Indian War« genannt, unterliegt Frankreich und muß im Frieden von Paris 1863 seine kanadischen Kolonien an den Sieger England abtreten.

1774

Um ihre Ansprüche in der Neuen Welt vor den Russen und Engländern zu sichern, beginnen die Spanier mit der Erkundung der Westküste Amerikas. Juan Perez segelt entlang der Küste Kaliforniens und weiter nach Norden bis Vancouver Island und zu den Queen Charlotte Islands. Ein Jahr später erkunden Bruno Hezeta und Bodega y Quadra mit ihren Schiffen die Westküste von Vancouver Island. Doch schon drei Jahre später, 1778, während im Osten des Kontinents der Amerikanische Unabhängigkeitskrieg tobt, erscheint der erste Engländer an der Küste: Captain James Cook. Nach der Entdeckung Hawaiis war er nach Nordosten gesegelt und stieß nahe dem Nootka Sound wieder auf Land – Kanada. Die Seeotterpelze, die seine Leute eher beiläufig von den Indianern eintauschen, können die Matrosen später in China mit enormem Profit wieder verkaufen.

Captain George Vancouver

1792

George Vancouver, der als einfacher Matrose auf Cooks Schiff schon einmal in Nootka war, kehrt zu der später nach ihm benannten Insel zurück, umsegelt und kartographiert sie. Bald tauchen immer mehr englische und amerikanische Pelzhändler vor der Küste auf.

1793

Der Schotte Alexander Mackenzie, ein Entdecker-Pelzhändler der 1787 in Montréal gegründeten »Northwest Trading Company«, überquert die Rocky Mountains und erreicht als erster Weißer die Pazifikküste von der Landseite her. Kanada ist durchquert und fest in britischer Hand.

1808

Der Pelzhändler Simon Fraser befährt den später nach ihm benannten Fluß bis zu seiner Mündung in den Pazifik. Die »Northwest Trading Company« erschließt das heutige British Columbia und baut – immer in scharfer Konkurrenz mit der »Hudson's Bay Company« – ein eigenes Pelzimperium auf. Zur selben Zeit erreicht der Handel mit Seeotterpelzen an der Küste seinen Höhepunkt. Die dortigen Indianer müssen ihren neuen Wohlstand durch den Handel allerdings teuer bezahlen: Europäische Krankheiten wie Pocken, Grippe, Tuberkulose und auch Syphilis raffen ganze Sippen hinweg.

Mackenzie Rock bei Bella Coola an der Pazifikküste

1821

Nach langen Auseinandersetzungen schließen sich die beiden großen Pelzhandelsgesellschaften unter dem Namen der »Hudson's Bay Company« zusammen.

1849

Großbritannien und die USA einigen sich auf den 49. Breitengrad als Grenze ihrer Territorien im Westen des Kontinents. Nur die Südspitze von Vancouver Island mit dem britischen Fort Victoria bildet eine Ausnahme: Es ragt zwar über diese Grenze hinaus nach Süden, gehört aber weiterhin zu Kanada.

1857

Einige Pelzhändler und von Kalifornien aus nach Norden gewanderte Goldgräber entdecken am Fraser River das erste Gold. Ein Jahr später erreicht die frohe Kunde auch San Francisco, wo viele zu spät gekommene Goldsucher vom 1849er *gold rush* in der Sierra Nevada auf bessere Tage warten. Ein wilder Sturm von Goldsuchern nach Kanada ist die Folge. Noch im selben Jahr schwärmen 27 000 hoffnungsvolle *miners* über das bis dahin fast menschenleere Fraser Valley aus.

1858

In aller Eile erklärt die Regierung British Columbia zur Kolonie, um den Horden amerikanischer *desperados* Recht und Ordnung entgegensetzen zu können.

1862

Das Gold in den Sandbänken des Fraser reicht nicht lange. Die erfahrenen Bergleute ziehen stromaufwärts und suchen den Ursprung des gelben Metalls. In den Cariboo Mountains im Herzen British Columbias wird dann endlich das goldführende Gestein entdeckt. Barkerville am Ufer des millionenschweren Williams Creek ist bald mit 25 000 Einwohnern die größte Stadt West-Kanadas. Saloons und Läden florieren, Barkerville leistet sich sogar ein Theater. Um das Reisen im Binnenland zu erleichtern, läßt die Provinzregierung alsbald von den *royal engineers* eine Wagenstraße, die Cariboo Waggon Road, zu den Goldfeldern anlegen. Sie wird für Jahrzehnte die einzige Straße West-Kanadas bleiben.

1867

Am 1. Juli dieses Jahres schlägt die Geburtsstunde Kanadas: Der »British North America Act« erklärt Nova Scotia, New Brunswick, Ontario und Québec zu Provinzen und schließt sie zum »Dominion of Canada« zusammen.

Szenen aus der Goldrauschzeit: »miners« beim Goldwaschen

1869

Die »Hudson's Bay Company« tritt ihr riesiges Territorium für 300 000 englische Pfund an den jungen Staat ab, der dadurch sein Gebiet verdreifacht und in den Prärien wertvollen, fruchtbaren Siedlungsraum dazugewinnt.

1871

Die 12 000 Einwohner British Columbias beschließen in einer Abstimmung, als weitere Provinz dem Bundesstaat Kanada beizutreten. Allerdings mit der Bedingung, innerhalb von zehn Jahren durch eine Eisenbahnlinie mit dem Osten verbunden zu sein.

1873

Um in den neuen, noch kaum bewohnten Gebieten im Westen für Recht und Ordnung zu sorgen, wird per Bundesgesetz die »Northwest Mounted Police« gegründet. Die *mounties* etablieren in den Folgejahren zahlreiche Forts (1875 wird Calgary gegründet) und tragen so zu der im Vergleich zu den USA verblüffend friedlichen Besiedelung des kanadischen Westens bei. In dieser Zeit werden auch die Verträge mit den Stämmen der Prärien geschlossen, die den Indianern Reservate garantieren und der Bundesregierung die Erschließung der großen Ebenen ermöglichen. Nur mit den Stämmen von British Columbia werden niemals Verträge ausgehandelt - ihre Landansprüche werden erst seit etwa 1970 in den Gerichten behandelt.

1881 – 85

Erst nachdem British Columbia mit der Abspaltung von Kanada droht, wird nun ernsthaft mit dem Bau einer transkontinentalen Bahnlinie begonnen. Die neugegründete Gesellschaft »Canadian Pacific Railroad« übernimmt die gigantische Aufgabe und löst sie in Rekordzeit. 1882 werden allein in den Prärien 800 Kilometer Schienen verlegt. 1883 erreicht die Bahn bereits Calgary. Und trotz enormer Bauschwierigkeiten in den Rocky Mountains kann Lord Revelstoke am 9. November 1885 mit einem schlichten Eisennagel das Mammutwerk symbolisch vollenden.

1886

Der Bau der Eisenbahn hat noch weitergehende Aus-
wirkungen: Der erste Nationalpark Kanadas, Banff,
wird in den Rocky Mountains um eine von Bahnarbeitern entdeckte heiße Quelle eingerichtet.

1897

Vom Klondike River im heutigen Yukon Territory
werden große Goldfunde gemeldet. Rund 30 000
Abenteurer ziehen in den hohen Norden. Die meisten
von ihnen fahren per Schiff von Seattle, San Francisco oder Vancouver die Inside Passage bis Skagway
und mühen sich dann über den Chilkoot Pass
zum Yukon und weiter bis Dawson City. Manche
wählen aber auch die noch schwierigeren Landrou-
ten: durch das Innere British Columbias oder von
Edmonton aus durch die Sümpfe nordwärts.

um 1900

Mit Annoncen und Plakaten wirbt Kanada in Europa
um auswanderungswillige Bauern, die sich in den
Prärien niederlassen wollen. Zwischen 1901 und 1911
verdreifacht der Westen seine Bevölkerung auf
750 000 Menschen. 1905 wird Alberta zur eigen-
ständigen Provinz erklärt, die Hauptstadt ist Edmonton.

1914

Im Turner Valley südwestlich von Calgary sprudelt
die erste Ölquelle Albertas. Einige Jahre zuvor wurde
in Medicine Hat Erdgas entdeckt. Langsam beginnt
sich der natürliche Reichtum der Provinz zu zeigen.

1931

Kanada erhält die politische Unabhängigkeit, wird
souveräner Staat.

1941

Im Zweiten Weltkrieg kämpft Kanada treu an der
Seite des Mutterlandes Großbritannien. Der Westen
bleibt von Kriegshandlungen zwar verschont, doch
aus panischer Angst vor Sabotage werden rund
23 000 Kanadier japanischer Abstammung, die vor-

wiegend in British Columbia leben, in Internierungslager deportiert und ihr Besitz enteignet.

Traditionelles Dorf auf den Queen Charlotte Islands

1942
Aufgrund der (wie sich später zeigte) berechtigten Befürchtung der Amerikaner vor einem japanischen Angriff auf Alaska baut die US-Armee eine Landverbindung von Kanada nach Alaska. Nach dem Krieg wird dieser »Alaska Highway« auch für den öffentlichen Verkehr freigegeben und ist bis heute die einzige Straßenverbindung Alaskas zur Außenwelt.

nach 1945
Die Nachkriegsjahre bringen West-Kanada eine neue Einwanderungswelle und starken wirtschaftlichen Aufschwung. 1947 entdeckt »Imperial Oil« das gewaltige Leduc-Ölfeld bei Edmonton. Damit ist der Grundstein für den heutigen Energiereichtum Albertas gelegt.

1962
Der Trans-Canada Highway, die erste offizielle Straßenverbindung Kanadas von Küste zu Küste, ist fertiggestellt.

1980er Jahre

Durch mehrere internationale Ereignisse rückt West-Kanada verstärkt ins Rampenlicht: 1986 ist Vancouver Schauplatz einer Weltausstellung, 1988 richtet Calgary die Olympischen Winterspiele aus. Während dieser Jahre beginnt auch eine verstärkte Einwanderung aus Asien, vor allem aus Hongkong, nach West-Kanada.

1990/95

Verbeugung vor den Ureinwohnern: Wandbild in Chemainus

Die Einheit Kanadas ist nach der Québec-Krise der 70er Jahre, als die französischsprachige Provinz mit Sezession drohte, nun erneut in Gefahr. Durch einen Zusatz in der neuen Verfassung Kanadas, den »Meech-Lake-Accord«, soll die kulturelle und sprachliche Sonderstellung Québecs innerhalb des Gesamtstaates verankert werden. Durch den Einspruch eines Parlamentariers jedoch – sinnigerweise eines Indianers, dessen Volksgruppe auch in diesem Zusammenhang wieder einmal nicht berücksichtigt wurde – konnte der »Meech-Lake-Accord« nicht rechtzeitig von allen Provinzen ratifiziert werden. Zwar sprechen sich die Québecer in einer Volksabstimmung im Herbst 1995 ganz knapp gegen eine Loslösung von Kanada aus, doch die separatistische Partí Québecois betreibt weiterhin die Unabhängigkeit. Auch die reichen Westprovinzen beginnen nun, mit Separatismus zu liebäugeln und betonen neuerdings ihre geographische, kulturelle und wirtschaftliche Nähe zu den Nordweststaaten der USA.

1997

Rückgabe Hongkongs an China. Damit endet die massive Einwanderungswelle, die in den Jahren zuvor 70 000 Chinesen, vor allem erfolgreiche Geschäftsleute, aus der britischen Kronkolonie nach Vancouver gebracht hat.

1998

Das oberste Gericht entscheidet, daß »unter bestimmten Voraussetzungen« Québec das Recht zur Sezession hat.

1. April 1999

Die Inuit im Norden Kanadas erhalten politische Selbständigkeit und ein eigenes Territorium: Nunavut, »Unser Land« soll es heißen.

DREI WOCHEN DURCH WEST-KANADA

R O U T E 1 Programm: Vancouver

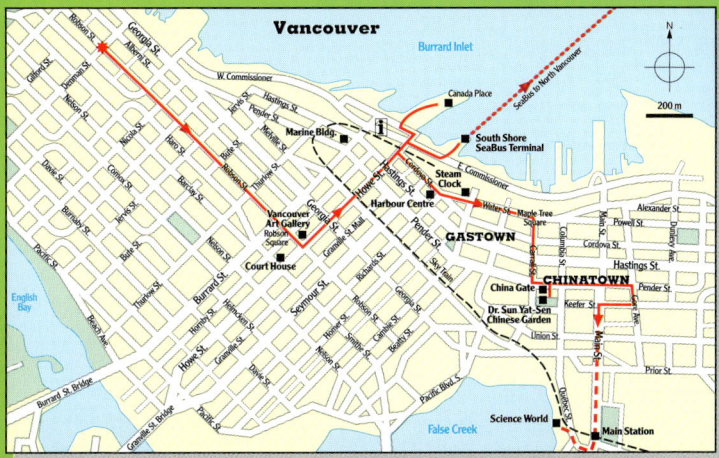

Vormittag Spaziergang auf der **Robson Street** von der Ecke Denman St. stadt-
einwärts zum **Robson Square** mit **Court House** und **Vancouver Art
Gallery** im alten Gerichtsgebäude. Auf der Howe St. oder der **Granville
Mall** nordostwärts zum **Canada Place**. Weiter zum **Harbour Centre**
(Hastings St./Ecke Richards St.) und Fahrt auf die Aussichtsplattform.
Lunch im Dreh-Restaurant des Harbour Centre oder später in **China-
town**.

Nachmittag Spaziergang durch **Chinatown** und Besuch im **Dr. Sun Yat-Sen
Classical Chinese Garden** und für Interessierte eventuell ein Besuch
im naturwissenschaftlichen Museum **Science World.** Danach über Carrall St. und Water Street Bummel durch **Gastown**.

Spätnachmittag Fahrt mit dem **SeaBus** (ab South Shore SeaBus Terminal am Nordende
der Granville St. Mall) nach **North Vancouver** zum Blick über die Skyline und kurzem Bummel am **Lonsdale Quay**.

Vorwahl: ℰ 604

 Vancouver Touristinfo Centre
Plaza Level, Waterfront Centre
200 Burrard St.
Vancouver, B.C. V6C 3L6
ℰ 683-2000, Fax 682-6839

 Hotel Vancouver
900 W. Georgia St.
Vancouver, B.C. V6C 2W6
ℰ 684-3131, Fax 662-1929
Historisches Grand Hotel in bester Lage
in der Downtown mit allen Annehmlichkeiten; mehrere Restaurants, Pool. $$$$
(Auflösung der $-Zeichen S. 195/205 und
in der hinteren Umschlagklappe)

 Wedegewood Hotel
845 Hornby St.
Vancouver, B.C. V6Z 1Y1
ℰ 689-7777, Fax 688-3074
Elegantes kleines Luxushotel mit nur
90 Zimmern direkt neben dem Robson
Square. Perfekter Service, gutes Restau-
rant und Bar. $$$$

 Parkhill Hotel
1160 Davie St.
Vancouver, B.C. V6E 1N1
ℰ 685-1311, Fax 681-0208
Modernes Hotel im Westend der Innenstadt mit Blick auf die English Bay. Nehmen Sie ein Zimmer in den oberen Stock-
werken. $$$–$$$$

 Sylvia Hotel
1154 Gilford St.
Vancouver, B.C. V6G 2P6
ℰ 681-9321
Gemütliches historisches Hotel, völlig von
Efeu überwachsen, in ruhiger Wohnlage am
sandigen Ufer der English Bay und nahe der
Innenstadt; einfache, saubere Ausstattung.
Leisten Sie sich eine (preiswerte) Suite mit
herrlichem Blick über die Bucht. $$–$$$

 Robsonstrasse City Motor Inn
1394 Robson St.
Vancouver, B.C. V6E 1C3
ℰ 687-1674, Fax 685-7808
Einfaches, aber sauberes Motel am West-
ende der Robson St.; große, neu renovierte
Zimmer – zur Seite hin etwas ruhiger. $$

 European Bed & Breakfast
648 E. Keith Rd.

North Vancouver, B.C. V7L 1W5
ℰ 988-1792, Fax 988-1782
Von deutschem Ehepaar betriebene Pen-
sion in der Nähe von Grouse Mountain
und Capilano Suspension Bridge. $$

 Capilano RV Park
295 Tomahawk Ave.
North Vancouver, B.C. V7P 1C5
ℰ 987-4722, Fax 987-2015
Laut, aber in guter Lage: nächster Cam-
pingplatz zur Innenstadt, unter der Nord-
rampe der Lions Gate Bridge.

 Burnaby Cariboo RV Park
8765 Cariboo Place
Burnaby, B.C. V3N 4T2
ℰ 420-1722, Fax 420-4782
Weitläufiger Privat-Campingplatz im Osten
Vancouvers; Hallenbad und Platz für Zelte.

  O'Douls Restaurant and Sidewalk Café
1300 Robson St.
ℰ 684-8461
Straßencafé mit großem Frühstücks-Menü
und geschmackvoll eingerichtetes Restau-
rant. $–$$

 The Bread Garden
812 Bute & Robson Sts.
Angenehme Self-Service-Cafeteria mit vielen Brotsorten; auch *healthfood* und Vege-
tarisches; Terrasse. Gut zum Frühstück.
24 Std. geöffnet. $–$$

 Robson Street
Kleine Geschäfte mit europäischen Deli-
katessen, Cafés mit Torte und Cappuccino,
Strudel und *gelati*. Boutiquen mit neuester
Mode und Andenkenläden. Abends Korso
der Schönen und der Schauer.

 Robson Square
An die über mehrere Etagen verteilte Mischung von Geschäften, Restaurants, offenen Terrassen und Schlittschuhbahn
schließt im Süden die geometrische Glas-
architektur des neuen Gerichtsgebäudes
(Court House) an.

 Vancouver Art Gallery
750 Hornby St.
Mo–Fr 10–17, Sa 10–16, So 12–17 Uhr;
Eintritt $ 7.50
Oft wechselnde Wanderausstellungen.

Ein Raum der ständigen Ausstellung ist Emily Carr (1871–1945), der bekanntesten Malerin von British Columbia, gewidmet.

 Duthie's
919 Robson St.
ℭ 684-4496
Vancouvers führender Buchhändler mit Riesenauswahl.

 Pacific Centre
Georgia & Granville Sts.
Rund 200 verschiedene Geschäfte und Kaufhaus »Eatons«.

 Harbour Centre
555 W. Hastings St.
ℭ 669-2220, Eintritt $ 7,50
 Mit dem Lift geht's zum »Lookout« und einem herrlichen Panorama über Vancouver. Lunch mit Blick im Dreh-Restaurant »Top of Vancouver Restaurant«; von einer touristischen Attraktion ist keine große Küche zu erwarten, aber an einem Steak ist nicht viel zu verderben, und das Panorama ist beeindruckend. $$–$$$

 Chinatown
Das Viertel um Hastings und Pender St. bietet neben einer unübersehbaren Zahl von Geschäften voller Reiseandenken und Kitsch, Restaurants mit z. T. hervorragender chinesischer Küche. Architektonisch interessante Gebäude sind das **Chinese Nationalist League Building,** das **Kuomintang-Gebäude** (529 Gore Ave.) und **Wongs Benevolent Society** (121-125 E. Pender St.).

 Dr. Sun Yat-Sen Classical Chinese Garden
578 Carrall St. (Zugang auch vom chinesischen Tor in der Pender St.) Tägl. 10–16.30, im Sommer bis 19 Uhr; Eintritt $ 5.25
Ein Leckerbissen fürs Auge.

 Science World
1455 Québec St.
ℭ 443-7440
 Tägl. 10–18 Uhr, Eintritt $ 13
Naturwissenschaftliches Museum mit eigener Abteilung für Kinder im »gläsernen Ball« des ehemaligen EXPO-Centre. Eindrucksvolle Filme auf einer 17stöckigen Leinwand.

 Gastown
Water & Carrall Sts.
Die neu belebte Altstadt Vancouvers ist heute eine Flaniermeile mit Boutiquen und Restaurants. Cambie & Water Sts. steht die vom städtischen Dampfnetz betriebene **Steam Clock.** Nett zum Lunch ist gegenüber der Uhr das **Water Street Cafe**.

 SeaBus Terminal
Cordova & Granville Sts.
ℭ 261-5100
 Etwa 15minütige Fährfahrt zum Nordufer des Burrard Inlet; der Terminal am Nordufer ist **Lonsdale Quay,** ein restaurierter Hafenpier mit Läden und Restaurants.

 Floata Seafood Restaurant
180 Keefer St.
ℭ 602-0368
Großes Chinalokal mit täglichem, gutem Dim Sum zu Mittag. $–$$

 Park Lock Restaurant
Main & Keefer Sts.
Großes, sehr beliebtes chinesisches Restaurant im Obergeschoß eines Geschäftsgebäudes. Mittags Dim Sum mit riesiger Auswahl. $–$$

 Diva at the Met
645 Howe St.
ℭ 602-7788
Feines Edel-Restaurant mit hervorragender Northwest-Cuisine. $$$

Ein Fotostopp muß sein: vor der Kulisse des Canada Place

Vorwahl: ✆ 604

 Anderson's
Granville Seawalk North
✆ 684-3777
 Aussichtsrestaurant am Nordufer des False Creek, unter der Granville St. Bridge; gute Fischgerichte. $$–$$$

 Joe Fortes
777 Thurlow St.
✆ 669–1940
Gepflegtes Lokal mit viel frischem Fisch und guten Steaks; die Bar ist In-Treff für erfolgreiche Jung-Manager. $$–$$$

 a kettle of fish
900 Pacific St.
✆ 682-6661
Ausgezeichnetes Fischrestaurant am Südende der Downtown; Reservierung notwendig. $$

 The Keg
1122 Alberni St.
✆ 685-4388
Beliebtes, etwas lautes Kettenrestaurant für Steak und Fisch; ausgezeichnete Salatbar. $$

 The Fish House
2099 Beach Ave., im Stanley Park
✆ 681-7275
Schön für einen lauen Sommerabend auf der Terrasse. Wie der Name sagt: hervorragender Fisch. $$

 Mulvaney's
1535 Johnston St., Granville Island
✆ 685-6571
 Kreolische Küche und Seafood mit Blick über den False Creek. Am Wochenende auch Musik zum Tanzen. $$–$$$

 Mescalero
1215 Bidwell St.
✆ 669-2399
Schickes Szene-Restaurant im Westend der Innenstadt; sehr gute Southwest-Cuisine. $$

 Steamworks Brewing Co.
375 Water St.
✆ 689-2739
Kleinbrauerei mit deftiger kanadischer Kost. Von der Bar Blick über den Hafen. $–$$

 Nachtleben
Die Szene verändert sich ständig. Einen aktuellen Überblick findet man im *Vancouver Guideline*, der kostenlos in Visitor Bureaus und Hotels erhältlich ist.

 Bar None
1222 Hamilton St.
Szenebar im alten Lagerviertel »Yaletown« mit Pool-Tischen und großer Bierauswahl.

 The Shark Club
180 W. Georgia St.
Beliebte »Sports Bar« mit gemischtem Publikum.

 Yaletown Brewing Co.
1111 Mainland St.
✆ 669-1940
Sehr beliebte Szenekneipe mit Restaurant.

Weitere Informationen zu Vancouver finden Sie auf S. 30

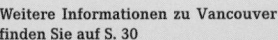

Tip: Die größte Stadt Westkanadas verdient allemal einen zweiten Tag zum Schauen, Shoppen und Bummeln und zum Erobern weiterer Stadtviertel außerhalb der Innenstadt.

Und den könnten Sie z. B. so gestalten: Nach einer Rundfahrt im Süden Vancouvers und dem Besuch in einem der großen Museen fährt man zur gemächlichen Mittagspause nach Granville Island.

Für den Nachmittag bietet sich dann der Stanley Park als aussichtenreicher Abstecher an. Wer nur noch einige Stunden zusätzliche Zeit in Vancouver hat, sollte zumindest eine Rundfahrt per Auto durch diesen bereits 1888 gegründeten Park unternehmen – die Ausblicke über die Innenstadt, das Meer und die Berge sind atemberaubend.

Vancouver

Vormittag	Die Cambie St. südwärts zur 33rd Ave., Besuch des **Queen Elizabeth Park** mit dem **Bloedel Conservatory**. Danach die Cambie St. weiter stadtauswärts, rechts in die 41st Ave., die in den S.W. Marine Dr. mündet, aus dem der N.W. Marine Dr. wird: Im Cecil Green Park des Universitätsgeländes zum **Museum of Anthropology** (Besichtigung). Rückfahrt über N.W. Marine Dr. auf die 4th Ave., links in die Alma St., rechts in die Point Grey Rd. und weiter auf der Cornwall Ave. Wer noch ein Museum sehen möchte: nach dem Kitsilano Beach Park links in die Arbutus St. und immer am Park entlang zum **Maritime Museum** oder ins **Vancouver Museum**. Alternative: Bummel und Lunch auf **Granville Island** – nach dem Kitsilano Beach Park rechts in die Arbutus St. und vier Blocks weiter zur 3rd Ave., links ab und auf der 3rd Ave. weiter zur Anderson St.
Nachmittag	Über Pacific und Denman Sts. zum **Stanley Park**; anschließend mit dem Mietfahrrad in ca. 3–4 Std. (oder zu Fuß) den Stanley Park umrunden. Wer es bequemer haben will, kann natürlich auch mit dem Auto auf dem etwa 12 km langen Stanley Park Dr. die Hauptattraktionen des Parks erkunden (Einbahnstraße im Gegenuhrzeigersinn).

Queen Elizabeth Park
Zwischen Cambie & Ontario Sts., in Höhe der 33rd Ave.
Gute Aussicht auf die Skyline der Innenstadt und die Berge. Im Park liegt das **Bloedel Conservatory**, unter dessen Kuppel über 400 exotische Pflanzen und Blumen aus Wüste und Regenwald gedeihen. Zusätzlich bevölkeren rund 50 verschiedenen Vogelarten aus aller Welt das Conservatory.

Museum of Anthropology
6393 N.W. Marine Dr.
☏ 822-3825

Im Sommer tägl. 10–17 Uhr, Eintritt $ 6
Das beste Museum über Kunst und Kultur der Indianer der Nordwestküste. Ausgezeichneter Museumsladen in dem man Drucke und Schnitzereie erwerben kann.

Maritime Museum
1905 Ogden Ave.
☏ 737-2211

Tägl. 10–17 Uhr, Eintritt $ 6
Modelle und Fotos zur Seefahrtsgeschichte. Mit einem RCMP Patrouillenboot, das 1940–42 als erstes Schiff die Nordwest-Passage von Westen nach Osten durchfuhr. Ein sehenswerter Museumshafen mit schönen alten Booten und Schiffen.

Vancouver Museum
1100 Chestnut St.
(neben Maritime Museum)
☏ 736-4431
Tägl. 10–17 Uhr, Eintritt $ 5
Großes Museum zur Stadtgeschichte mit einem Planetarium.

Granville Island
Unter der Granville St. Bridge, am Eingang zum False Creek
Altes Lagerhausviertel mit großer Markthalle am False Creek, die bunte Mischung von Geschäften, Restaurants und Cafés, wie dem

quirligen Terrassenbistro »Bridges« lohnt einen Bummel sehr.

Stanley Park
Im Ostteil des Parks steht eine Gruppe interessanter Totempfähle; von hier reicht der Blick weit über die Coal-Harbour-Bucht auf die Innenstadt. Nächster Aussichtspunkt ist Brockton Point mit einem kleinen Leuchtturm am Eingang zum Hafen. Es folgt die Galionsfigur der »S.S. Empress of Japan«, eines kanadischen Pazifikseglers. Vom Prospect Point an der Lions Gate Bridge geht der Blick über die First Narrows zur Mündung des Capilano River und zu den Bergen.

Vancouver Aquarium
Im Stanley Park
☏ 682-1118, Eintritt $ 12
Tägl. 10–17.30 Uhr, im Sommer bis 20 Uhr
Die Unterwasserwelt des Nordpazifik, die Wanderung der Lachse und das Meeresleben im Arktischen Ozeansind sind die Hauptthemen, denen sich das Aquarium widmet. Das meiste Gedränge gibt es vor dem Becken der putzigen Seeotter und während der Shows mit Schwertwalen, die die Kinder besonders faszinierend finden.

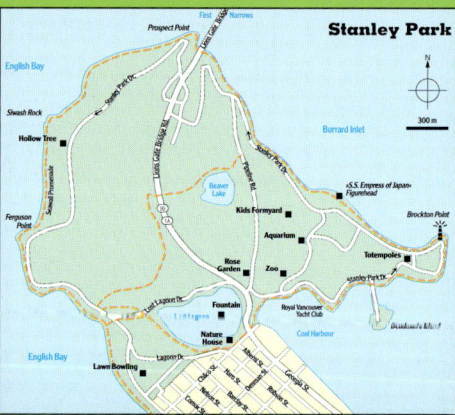

Vancouver

Zum Auftakt ein Höhepunkt

Der Jet zieht noch einen weiten Bogen über die dunklen Wasser der Strait of Georgia, dann steuert er im Anflug auf Sea Island zu, die Flughafeninsel **Vancouvers** im breiten Delta des Fraser River. Die Luft wirkt klar. Trotz großstädtischem Autoverkehr und dichter Besiedelung scheint der Himmel sauberer als beim Abflug im diesigen Europa. Die frische Brise vom Pazifik, Vancouvers natürliche Klimaanlage, hat wieder einmal ihr reinigendes Werk getan.

Die Stadt selbst liegt einige Kilometer nördlich des Flughafens, am besten zu erreichen über die Granville Street. Die Vororte entlang der Route zur Innenstadt sind nicht die feinsten von Vancouver, aber schon hier wird die typische Wohnstruktur deutlich: adrette Einfamilienhäuser mit gepflegten, üppigen Gärten, jedes Haus individuell gestylt mit viktorianischen Schnörkeln, klassizistischen Säulen oder irgendeinem Merkmal einer anderen Epoche. Ein buntes und liebevoll gepflegtes Durcheinander.

Dann kommt die Downtown in Sicht – eine gezackte Skyline vor der dramatischen Kulisse tiefgrüner Berge, an deren Gipfeln oft noch bis weit in den Sommer Schneeflecken glitzern. Vancouver, Kanadas »Perle am Pazifik«, wird oft mit San Francisco verglichen. Dank der bergumrahmten Lage und der »mankurten« Parks und Gärten schneidet Vancouver in diesem Vergleich recht vorteilhaft ab. Nur in weltstädtischem Flair und beim Nachtleben hinkt es noch etwas nach. Doch das kann ja noch kommen – San Francisco ist schließlich gut 100 Jahre älter.

Vancouver ist sogar für kanadische Verhältnisse noch sehr jung. Die ersten weißen Seefahrer, Spanier und Engländer, die gegen Ende des 18. Jahrhunderts die Westküste Kanadas erforschten, segelten mit schö-

Charme der Jahrhundertwende: Hotel...

ner Regelmäßigkeit achtlos an der Mündung des Fraser River vorüber. Auch später blieb die dicht bewaldete Halbinsel zwischen dem Fraser und dem Meeresarm Burrard Inlet lange links liegen. Fort Victoria auf Vancouver Island war der Sitz der »Hudson's Bay Company« – auf dem Festland wurde nur ein kleiner Handelsposten weiter stromaufwärts am Fraser River angelegt, genannt Fort Langley.

Als 1858 der Goldrausch über British Columbia hereinbrach, wurde New Westminster, heute ein Vorort von Vancouver, zur Hauptstadt der neuen Festlandskolonie British Columbia erklärt. An der Stelle der heutigen Innenstadt von Vancouver türmten sich nach

Die Burrard Street Bridge über die English Bay

wie vor dichte Wälder aus Douglasien und Cedars –
Anlaß für ein kleines Sägewerk um 1870. Erst der Bau
der transkanadischen Eisenbahn löste schließlich die
Gründung der Stadt aus: 1886 beschloß die »Canadian
Pacific Railroad«, ihre Schienen bis zum Ufer des Burrard Inlet zu legen. Ein Spekulations- und Bauboom
war die Folge, und noch im selben Jahr wurde Vancouver gegründet.

Bald dampften große Frachter und Passagierschiffe
von Vancouver nach San Francisco, Japan und China,
brachten endlose Güterzüge Weizen und Kohle zur
Verschiffung in die aufblühende Hafenstadt. Die
Bevölkerung verdoppelte sich damals etwa alle fünf

Jahre. 1912 lebten bereits
120 000 Menschen in der
Stadt. Der Erste Weltkrieg
löste zwar eine kurze Rezession aus, doch in den 20er
Jahren ging es steil bergauf.
1930 war Vancouver die dritt-
größte Stadt Kanadas, nach
Montréal und Toronto. Ein
Titel, den es bis heute hält.
Die Wirtschaftskrise der
30er Jahre brachte noch einmal harte Zeiten, doch seit
dem Zweiten Weltkrieg
boomt die Stadt ohne Atem-
pause.

Rund 1,8 Millionen Men-
schen leben heute in der
Metropole, und dank des mil-
den Klimas und des hohen
Freizeitwertes der Stadt ist
Vancouver heute beliebter
als je zuvor. Es ist unbestrit-
ten das wirtschaftliche und
kulturelle Zentrum West-
Kanadas. Besonders das letz-
te Jahrzehnt hat verstärktes
Wachstum gebracht: einen
Wirtschaftsboom dank der
Weltausstellung 1986 und

eine ungeahnte Einwanderungswelle aus Asien. Allein 70 000 Immigranten kamen aus Hongkong, dessen Bewohner die nahende Übernahme durch China fürchten. Und es sind nicht die Ärmsten, die kommen – Geschäftsleute, Banker und Fabrikanten erkaufen sich den kanadischen Paß durch kräftige Investitionen in ihrer neuen Heimat. Es gab sogar schon den Plan, eine der Inseln vor Vancouver zu einem neuen Hongkong auszubauen.

Zurück in die Gegenwart: Erste Tuchfühlung mit dem heutigen Vancouver nimmt man am besten entlang der **Robson Street** auf, der Hauptgeschäftsstraße der Stadt. Bis noch vor etwa 30 Jahren war dieses Viertel fest in deutscher Hand – deutsche Geschäfte, deutsche Restaurants, und die Robson wurde »Robsonstrasse« genannt. Heute heißt sie wieder Robson Street und hat sich zur beliebten Flaniermeile gemausert mit schicken Boutiquen, Straßencafés und CD-Läden. An Wochenendnachmittagen und am Samstagabend führen die jungen *Vancouverites* hier ihre Cabrios und aufgemotzten Jeeps aus – Stoßstange an Stoßstange, und die Gehwege sind voll mit Menschen wie selten in einer nordamerikanischen Großstadt.

Jericho Beach: Sonnenbad mit Traumblick

Von Westen her führt die Robson Street stracks auf den Hauptplatz Vancouvers zu, den **Robson Square**. An seiner Südseite liegt hinter begrünten Terrassen der moderne, 1979 erbaute Glaspalast des **Court House**, ein frühes Glanzstück des Architekten Arthur Erikson. Die Nordseite des Platzes wird dominiert von der Kuppel des altes Gerichtsgebäudes, in dem

Straßencafé an der Robson Street in Vancouver

heute die **Vancouver Art Gallery** untergebracht ist. Hinter dem Kunstmuseum, das übrigens eine gute Sammlung von Werken der Westküsten-Malerin Emily Carr besitzt, ragen die grünspanigen Dächer des Hotel Vancouver auf. Einige Schritte weiter östlich finden Sie den neuesten Prunkbau Vancouvers: die von Moshe Safdie entworfene **Vancouver Public Library**.

Auf der **Granville Street**, einer großen, verkehrsberuhigten und begrünten Geschäftsstraße, oder auf der Howe Street geht es dann weiter nach Nordosten. Nach Nordosten, und damit tiefer in die Geschichte der Stadt. Um 1900 lag das Stadtzentrum am Ufer des Burrard Inlet, nordöstlich der heutigen Downtown. Die Granville Street war damals die Grenze zwischen Geschäfts- und Hafenviertel im Osten und den Wohnbezirken im Westen. Erst in den 20er Jahren begann der Boom, der Geschäfte, Büros und die Kontore der zahlreichen Schiffahrtslinien nach Westen verlagerte. Ein glanzvolles Beispiel für den Wohlstand der damaligen Händler ist das **Marine Building** an der Ecke Hastings und Burrard Street, ein prachtvoller Art-déco-Bau mit charakteristischem Pyramidendach. In die Fassade sind Reliefs von den für Vancouver so wichtigen Transportmitteln eingearbeitet – Schiffe, Lokomotiven, Flugzeuge. Die originalgetreu renovierte Lobby des Büroturms ist einen Abstecher wert: spiegelnde, verzierte Fliesen und Aufzüge, in denen sieben verschiedene Holzarten verarbeitet wurden.

Wenige Schritte von diesem historischen Kleinod steht am Ufer des Burrard Inlet ein weiteres, viel jüngeres Schmuckstück der Skyline, **Canada Place**, das der deutschstämmige Architekt Ed Zeidler für die Weltausstellung 1986 entwarf. Wie schneeweiße Segel erheben sich die Dachspitzen des heute als Kongreßzentrum und Kreuzfahrerpier genutzten Baues über dem Wasser des Burrard Inlet. Die maritime Silhouette soll die lange Verbindung Vancouvers mit dem Pazifik symbolisieren. Die Promenade um den weit ins Wasser hinausragenden Bau bietet herrliche Blicke auf die Innenstadt, das rege Treiben im Hafen und auf die Berge am Nordufer des Fjordes.

Noch besser ist die Aussicht von der Spitze des **Harbour Centre** einige Schritte weiter südlich an der Hastings Street. Vom Shopping Centre im Untergeschoß des Hochhauses fährt ein Außenaufzug zum Observationsdeck. Hier oben wird die meerum-

Die Pender Street in Chinatown

schlungene Lage Vancouvers erst richtig deutlich: im Norden das Burrard Inlet und die Coast Mountains, im Westen die schimmernde English Bay und die Strait of Georgia, im Süden der kleine Meeresarm False Creek und, weit in der Ferne, fast schon an der Grenze zu den USA, der Fraser River.

Vier Straßen östlich des Harbour Centre entlang Hastings Street und vor allem der Pender Street beginnt **Chinatown** – die größte in Kanada und in Nordamerika nur noch von San Francisco übertroffen. Wenn auch die meisten Chinesen heute weit verstreut in der Stadt leben, so ist dieses alte Hafenviertel doch ihr wirtschaftliches und kulturelles Zentrum geblieben. Hier sind die quirligen Läden, in denen Durianfrüchte, Lychees und vielerlei chinesische Gemüse ausliegen, hier hängen die dickglasierten Enten in den Schaufenstern der Metzgereien, und hier gibt es die besten China-Restaurants der Stadt. Zu Mittag wird in vielen Lokalen Dim Sum serviert, leckere Häppchen, die in nicht enden wollenden Mengen von den Kellnern auf kleinen Wagen an den Tisch gebracht werden. Man zeigt einfach auf das, was man probieren möchte, und der Kellner stapelt es auf den Tisch. Mmmh!

Doch auch architektonisch ist Chinatown ein Genuß. Viele Häuser haben in den oberen Stockwerken die traditionellen zurückgesetzten Balkone. Geschwungene Dächer und chinesische Fliesen sind als dekorative Elemente vertreten. Auch die Farbgebung der Gebäude spielt eine Rolle: Rot bedeutet von alters her Glück und Wohlstand, Blau und Grün stehen für Frieden und Fruchtbarkeit. Entlang der **Pender Street** sind die interessantesten Bauten Chinatowns zu finden: das nur 1,8 Meter tiefe **Sam Kee Building**, das chinesische Kulturzentrum mit dem stillen **Dr. Sun Yat-Sen Garden** und das **Chinese Freemason's Building** an der Ecke Pender und Carrall Street, das auf der Südseite die klassischen chinesischen Balkone zeigt und auf der Carrall-Street-Seite eine viktorianische Fassade.

Nach einem fernöstlichen Lunch kann man dann wieder westwärts bummeln. Am besten durch die Water Street, die durch **Gastown**, den ältesten Bezirk

Schönster Bau im Art-decó-Stil: das Marine Building

Vancouvers, führt. Dieses ehemalige Hafenviertel wurde zu Ehren von »Gassy Jack« Jack Deighton benannt, einem Saloonbesitzer, der mit seinen Whiskyfässern angeblich einst die ersten Holzfäller anlockte – und damit die Stadt gründete. Als sich nach der Jahrhundertwende das Stadtzentrum westwärts verlagerte, begann Gastown zu verfallen. Nach dem Zweiten Weltkrieg standen hier nur noch leere Lagerhäuser, und in den 60er Jahren sah ein neuer Stadtentwicklungsplan vor, hier mehr als 30 Hochhäuser zu errichten. Die angrenzende Chinatown sollte durch eine neue Autobahn zerschnitten werden. Doch da rebellierten die Bürger: Die Autobahn wurde nie gebaut; Händler und Privatleute machten sich an die behutsame Restaurierung von Gastown. Trotz mancher Probleme war die Wiederbelebung des historischen Viertels erfolgreich: Restaurants und Läden drängen sich heute in den ziegelgepflasterten Innenhöfen. Gastown ist zum Besuchermekka avanciert, und am Maple Tree Square steht Herr Deighton – in Bronze und wie es sich gehört auf einem Whiskyfaß.

Am Nordende der Granville beziehungsweise Seymour Street steht die 1899 erbaute Bahnstation der »Canadian Pacific Railroad«, ein pompöser, klassizistischer Palast. Allerdings fahren heute keine Züge mehr in der Marmorhalle ab, sondern die Fähren des SeaBus nach North Vancouver. Der kurze Abstecher aufs Wasser bietet herrliche Rückblicke auf die Innenstadt, auf die bewaldete Halbinsel des Stanley Park und die Hafenanlagen entlang des Burrard Inlet.

North Vancouver an den steilen Hängen der Coast Mountains ist eines der beliebtesten Wohngebiete der Stadt. Wer auf sich hält – und es sich leisten kann –, residiert dort gepflegt zwischen alten Fichten, in »manikürten« Gärten und mit fabelhaftem Blick über die Stadt. Als Besucher kann man vom hübsch restaurierten **Lonsdale Quay** aus zumindest das Panorama genießen. Am Spätnachmittag sinkt die Sonne über dem Stanley Park, und im Gegenlicht sieht der filigrane Bogen der **Lions Gate Bridge** über dem Eingang zum Burrard Inlet wie ein Scherenschnitt aus. Dicke Ozeanfrachter ziehen darunter hindurch, und im Hochsommer dümpeln dazwischen sogar die

Silhouetten einiger Ruderboote mit Fischern – mit Lachsanglern!

Kaum zu glauben, aber trotz Großstadtnähe und dichter Besiedelung ziehen im Capilano River, der direkt neben der Brücke ins Meer mündet, jedes Jahr im Sommer die Pazifik-Lachse flußaufwärts. Sie sammeln sich an der Flußmündung (wo ihnen die Angler auflauern) und kämpfen sich dann im reißenden Bach hinauf in die Berge zu ihren Laichplätzen. Allerdings ist ihnen heute der letzte Teil des Weges durch einen Staudamm versperrt. Nun muß dort eine Lachszuchtanlage dem Liebesleben der Salme nachhelfen. Aber immerhin, den Fischen ermöglicht dies den Fortbestand der Art, und den Menschen in Vancouver erhält es den Traum von der intakten Natur vor der Haustür. Soweit nun am späten Nachmittag nicht der *Jet lag* zuschlägt (es sind immerhin neun Stunden Zeitunterschied, die verkraftet sein wollen), kann man nach der Rückfahrt in die City noch eines der – hervorragenden – Restaurants Vancouvers ansteuern. Ein zünftiges Steak oder ein feines Lachsgericht wären doch genau der richtige Abschluß für den ersten kanadischen Reisetag.

Totempfähle im Stanley Park

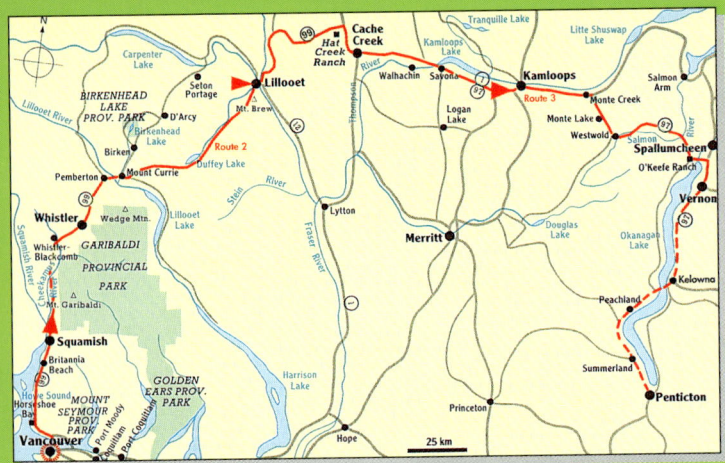

km	Zeit	Route
0	9.00	Von **Vancouver** auf den Hwy. 99 durch den Stanley Park und über die Lions Gate Bridge. Dann weiter auf Hwy. 1/99 West nach **Horseshoe Bay** und entlang dem Howe Sound nach
52	10.00	**Britannia Beach**, hier Besuch im **B.C. Museum of Mining**; weiter zu den
62		**Shannon Falls**.
67		Von Squamish führt der Hwy. 99 an den **Brandywine Falls** (ca. 20 Min. Spaziergang) vorbei nach
123	12.30	**Whistler** (Möglichkeit zu einem Rundflug über die Gletscher oder zu einer Fahrt mit der Bergseilbahn). Bei gutem Wetter evtl. hier bereits Übernachtung. Ansonsten weiter nach
158	16.00	**Pemberton** und **Mount Currie**; dann nach ca. 10 km links auf die Duffey Lake Road (die Straße ist meist erst ab Mitte Mai zu befahren. Zur Sicherheit sollte man im Travel Info Centre in Vancouver nachfragen, ☏ 604/683-2000). Weiter nach
267	18.00	**Lillooet.** (Wer hier keine Unterkunft findet, fährt die ersten 86 km des nächsten Tages bis nach Cache Creek weiter. Dort ist das Hotel-/Motel-Angebot größer.)

B.C. Museum of Mining
Britannia Beach, B.C.
✆ (604) 688-8735
Im Sommer tägl. 10–17 Uhr, Eintritt $ 10
Ein Museum in einer alten Kupfermine,
das der Geschichte des Bergbaus in der
Provinz gewidmet ist.

Shannon Falls
300 m hoher Wasserfall; ein spektakulärer Anblick während der Schneeschmelze und nach Regenfällen. Im Verlauf von
Frostperioden entstehen riesige Eiskas-
kaden.

Brandywine Falls
70 m hoher Wasserfall. Von hier aus
genießt man den Blick auf die Berge im
Garibaldi Provincial Park.

Whistler
Skiparadies im Winter, ein Mekka der
Biker und Hiker im Sommer. Golf, Tennis.
Sommerseilbahnen in die Berge: Whistler Express, Gondelbahn zum Whistler
Mountain und Whizard Chair, Seilbahn
auf den Blackcomb Mountain. Rundflüge
durch die faszinierende Berg- und Glet-
scherwelt veranstaltet: Whistler Air Service (Flugzeug), ✆ 932-6615, oder Mountain Heli Sports (Hubschrauber), ✆ (604)
932-2070.

Whistler Visitor Info Centre
2097 Lake Placid Rd., Box 181
Whistler, B.C. V0N 1B0
✆ (604) 932-5528
Fax 932-3755

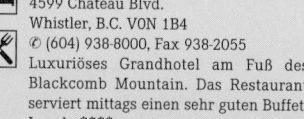

Château Whistler
4599 Chateau Blvd.
Whistler, B.C. V0N 1B4
✆ (604) 938-8000, Fax 938-2055
Luxuriöses Grandhotel am Fuß des
Blackcomb Mountain. Das Restaurant
serviert mittags einen sehr guten Buffet-
Lunch. $$$$

Haus Landsberg B & B
3413 Panorama Ridge
Whistler, B.C. V0N 1B3
✆ (604) 932-5233, Fax 932-5233
Gepflegte Frühstückspension, Zimmer
mit Whirlpool ausgestattet. Deutsch
geführt. $$–$$$

The Spirit Circle
Mount Currie
✆ (250) 894-6336
Gut für einen Zwischenstopp: ein netter
indianischer Kunsthandwerksladen mit
Restaurant.

Hotel Victoria
667 Main St., Downtown
Lillooet, B.C. V0K 1V0
✆ (250) 256-4112, Fax 256-4997
Hotel im Western-Look mit Restaurant
und Bar. $$

Mile-O-Motel
616 Main St., Downtown
Lillooet, B.C. V0K 1V0
✆ (250) 256-7511, Fax 256-4124
Einfach; auch Zimmer mit Küche. $–$$

Tumbleweed Motel
1221 Quartz Rd.
Cache Creek, B.C. V0K 1H0
✆ (250) 457-6522, Fax 457-9233
Sauberes Motel am Ortseingang gelegen.
$$

Marble Canyon Provincial Park
Am Hwy. 12, einige km nördlich von Lil-
looet
Idyllischer kleiner Platz zwischen bizar-
ren Felsformationen; Bademöglichkeiten
im See.

Cache Creek Campground
Am Hwy. 97 North, 4 km vor Cache Creek
✆ (250) 457-6414
Gepflegter Privatplatz mit Swimming-
pool und Laden.

Whistler Village
In der Fußgängerzone im Ortszentrum
gibt es mehrere kleine Restaurants, die
auch zu Mittag geöffnet haben. Die zahl-
reichen Boutiquen und Sportläden bie-
ten im Sommer häufig Sonderverkäufe
von Sportartikeln und Kleidung an.

Feste:

Am ersten Wochenende im August tref-
fen sich in Squamish die Holzfäller West-
Kanadas zu Hack- und Säge-Wettkämp-
fen bei den **Logging Days**.

2 Vom Pazifik in die Berge

Nach Whistler und Lillooet

*Variation in Grün:
Flußmündung bei
Whistler*

In Vancouver zeigt sich West-Kanada von seiner zivilisierten Seite: adrett gestylt, schick, weltstädtisch. Doch schon das Hinterland der riesigen Provinz British Columbia ist bis heute so wild und unerschlossen wie vor Urzeiten – und das wird sich gleich heute zeigen. Nur zwei Routen führen von Vancouver ins Landesinnere: der schnellere, aber recht dicht befahrene **Trans-Canada Highway** im Tal des Fraser River und der **Highway 99**. Besonders im Hochsommer und bei schönem Wetter ist diese zweite Route über die Coast Mountains nach Norden eine attraktive Alternativstrecke zur Fahrt durch das Fraser-Tal. Man ist schneller in ursprünglicher, einsamer Bergwildnis und bekommt einen Vorgeschmack auf die Fjordlandschaft am Pazifik. Doch Vorsicht: Der Abschnitt der **Duffey Lake Road** am Highway 99 zwischen Pemberton und Lillooet wird manchmal noch im Mai wegen eines Schneesturms gesperrt. Eine klärende Frage vorab im Travel Info Centre von Vancouver ist angebracht.

Lions Gate Bridge, danach steigt der Taylor Way steil bergan durch die begehrten Wohnviertel von

North Vancouver, schwingt sich der schnelle Trans-Canada Highway in weiten Bögen hoch über dem Meer nach Westen. Durchs Autofenster öffnet sich ein Abschieds-Panoramablick über das Burrard Inlet zur Halbinsel der University of British Columbia und zurück auf Stanley Park und Downtown.

Erfreulich schnell endet die Bebauung. Die steilen Hänge in West Vancouver bieten nur noch Platz für einige luxuriöse Villen – Schlafzimmer mit Blick für betuchte *Vancouverites*. Auch der dichte Verkehr wird sich gleich beruhigen: Im Hafen **Horseshoe Bay** verwandelt sich der Trans-Canada Highway nämlich in eine Wasserstraße. Große Autofähren stellen die Verbindung nach Vancouver Island her, wo der transkontinentale Highway schließlich in Victoria endet.

Wir folgen jedoch dem Highway 99, der mit beiden Spuren auf dem Boden des Festlandes bleibt und sich gemächlich das Südufer des 40 Kilometer langen **Howe Sound** entlangschlängelt. Ein herrliches Stückchen Straße! Unten der glitzernde Fjord, darüber grauer Fels, dunkelgrüne Berghänge und schneebekrönte Gipfel unter klarem blauem Himmel. (Daß es allerdings öfters regnet, zeigen die ungebändigten Wildbäche, die aus den Klippen über dem Highway schießen.) Gemütlich trödeln, gucken. Nur am Wochenende gibt es Staus, wenn sportliche Großstädter mit Camper und Kanu, Skiern und Surfbrett in die Naherholungsgebiete der Coast Mountains drängen.

Britannia Beach ist – trotz des Namens – nicht für seinen Strand bekannt, sondern für seinen Erzberg. Mehr als eine halbe Million Tonnen Kupfer wurden aus dem Britannia Mountain gebuddelt, dazu noch gut 100 000 Tonnen Zink, etwas Silber und sogar etliche 10 000 Unzen Gold. 200 Kilometer unterirdische Stollen durchlöchern seither den Bergstock am Howe Sound. 1974 wurde die Mine stillgelegt, zum Industriedenkmal erklärt und dient nun als **B.C. Museum**

Postkartenpanorama: der Duffey Lake

of **Mining**. »Um 1930 war Britannia das größte Kup-
ferbergwerk im britischen Empire«, erzählt der junge
Führer stolz, während die Schutzhelme ausgeteilt
werden. Dann fährt er mit der kleinen Besuchergrup-
pe per Tunnelbahn unter Tag. Die hölzernen Erzrut-
schen im Berg sind noch gut erhalten, da das ständig
rieselnde Wasser stark kupferhaltig ist und alles Holz
konserviert. Vorbei an Dynamitlager und Werkzeug-
raum geht es zu einer Seitengrotte im Bauch des Berges, in der historisches Bohrgerät vorgeführt wird. Ein
höchst anschauliches – und ohrenbetäubendes –
Erlebnis.

*Gar nicht bestialisch
wild: Grizzly beim
Grasfressen*

Oberirdisch sieht die Anlage recht verlottert aus –
kein Wunder nach 25 Jahren Stillegung. Die
Museums-Crew hat noch viel Restaurierungsarbeit
vor sich. Unübersehbar ist der mächtige, elfstöckige
Bau des *concentrator*, der geisterstadtmäßig wind-
schief am Berghang lehnt. Nach den Sprengungen
wurde das Erz per Bahn, Förderband oder Seilbahn
hierher geschafft, zermahlen und chemisch ausgewaschen. Das konzentrierte Erzpulver ging dann per
Schiff weiter zu Schmelzen im Staat Washington.

Einige Minuten hinter Britannia Beach hält der
Highway auf eine steile Felswand zu: **Stawamus
Chief**. Der über 700 Meter hohe Granitmonolith ist ein
Dorado der Bergsteiger. An manchen Wochenenden
sieht man die *free-climbers* in ihren bunten Outfits zu
Dutzenden in der senkrechten Wand herumkrabbeln.
Wer weniger gipfelstürmerisch veranlagt ist, kann
sich nahebei in der Horizontalen die Beine vertreten:
beim kurzen Spaziergang zu den schäumenden **Shannon Falls**. Mit etwas Glück sind in den hohen Douglasien manchmal Weißkopfseeadler zu beobachten. Jetzt
im Sommer sind es nur wenige der majestätischen
Raubvögel. Doch im Winter ist die Region ein Sam-
melpunkt für Tausende von *bald eagles*.

Wenig später kommt am Ende des Howe Sound,
umrahmt von mehr als 2 000 Meter hohen Bergen,
Squamish in Sicht. Seit 100 Jahren lebt das Städtchen
vom Holz der Coast Mountains. Allerdings müssen die
geschlagenen Stämme inzwischen aus weit entfernten
Tälern herbeigeschafft werden, denn die nähere
Umgebung ist bereits abgeholzt oder in Schutzgebie-

ten wie dem **Garibaldi Provincial Park** vor dem Zugriff der Sägen geschützt. Aber die Holzfirmen scheuen keine Mühen, und so schwimmen auch heute große Flöße in der Bucht – Nachschub für das dampfende Zellulosewerk am gegenüberliegenden Ufer des Fjords.

Daß Holzfällen in Squamish Tradition hat, kann man Anfang August bei den »Logging Days« beobachten. Da sägen dann die muskulösen Jungs in den großkarierten Hemden um die Wette, klettern blitzschnell auf hohe Bäume und balancieren unglaublich geschickt auf den glitschigen Stämmen im Wasser.

Hinter Squamish taucht der Highway 99 in die Berge. Endlich Einsamkeit, stille, grüne Wälder. Doch zuvor kommt noch **Whistler**, das erste und einzige Mega-Resort der Westküste. Generalstabsmäßig geplant wie ein französisches Retortendorf, ist der Ferienort in den letzten 20 Jahren zum größten Ski-Dorado der Westküste aufgestiegen. Zum Glück hat man in der Architektur die französischen Fehler vermieden, keine Betonburgen, sondern kleine Chalets und Holzbauten angelegt. Daß das Örtchen weiter boomt, belegt die rege Bautätigkeit: Überall sprießen neue Apartmentanlagen, allerorts werden Golfplätze und Biketrails gebaut.

Gipfelwärts zu Winterfreuden: am Whistler Mountain

Die riesigen, schneesicheren Skigebiete an Whistler und Blackcomb Mountain bieten 1600 Meter Höhenunterschied und traumhafte, unberührte Bergwelt ringsum. An Winterwochenenden schaufeln die 30 Lifts rund 30 000 Brettlfans auf die Pisten. Die meisten kommen aus Vancouver hierher zu ihren Hausbergen. Aber auch viele US-Amerikaner kommen, und sogar die Japaner schweben zum Skivergnügen über den Pazifik herbei. Die Pistenfans aus Nippon haben sogar Whistler zu ihrem beliebtesten Skiziel gewählt – noch vor dem zweitplazierten Zermatt!

Auch jetzt im Sommer ist das Dorf am Fuß der Berge vergleichsweise rege. Boutiquen und Restaurants in der Fußgängerzone des **Whistler Village** brüten in der Sonne. Skipullover sind im Sonderangebot, doch dafür haben Mountainbikes Hochkonjunktur. Man begegnet ihnen ständig auf dem Weg zum luftigen Lunch in Bergeshöh'. Per Gondel (Whistler) oder Seilbahn (Blackcomb) schwebt man in die blühenden Bergwiesen oberhalb der Baumgrenze. Der Blick schweift über die bis weit in den Sommer schneebedeckten Gipfel des völlig unbesiedelten Hinterlandes. Ein ideales Plätzchen für eine kurze Wanderung über Matten und Felsgrate oder – auch ein kanadisches Sommervergnügen – für einen Tag beim Gletscherskifahren.

So oder so: Bei schönem Wetter lohnt es sich, den Nachmittag in Whistler zu verbringen, hier auch zu übernachten und dafür morgen etwas länger zu fahren. Bei schlechtem Wetter dagegen rollt man besser gleich weiter, denn auf der Ostseite der Berge im trockenen *interior*, ist es meist wärmer und sonniger. als nächster Ort am Highway 99 folgt **Pemberton**, das durch seine Lage in einem fruchtbaren, völlig isolierten Tal berühmt geworden ist, und zwar für die Produktion von Saatkartoffeln. Keine Schädlinge oder Kartoffelkrankheiten können die gletscherbedeckten Bergketten ringsum überwinden.

Durch saftige Felder und Weiden führt die Straße weiter nach Osten. Nur noch ein paar Farmer in ihren Pickups und die bulligen *logging trucks* sind hier unterwegs. **Mount Currie**, ein versprengtes Dorf aus Holzhäusern, ist der Hauptort eines Indianerreser-

vats. Die Mount Currie Band gehört nicht zu den Totempfähle schnitzenden Stämmen der Westküste, sondern zum Volk der Interior Salish. Früher waren sie für ihre herrlichen geflochtenen Körbe bekannt, heute leben sie von Jobs in Verwaltung, Straßenbau und Holzwirtschaft – und von Regierungsunterstützung.

Zu Anfang der 90er Jahre hatten Landforderungen und Umweltschutz die Indianer hier ins politische Rampenlicht befördert: Sie schlossen sich mit dem Lytton-Stamm auf der Ostseite der Berge zusammen, und gemeinsam mit weißen Umweltschützern kämpften sie damals um den Erhalt des Stein River Valley. Das gut 1 000 Quadratkilometer große und 70 Kilometer lange Tal des Stein war als eines der letzten im Südwesten von British Columbia bis dahin noch völlig unberührt geblieben. Keine Holzfäller, keine Straßen – nur Natur. 1990 sollte das Tal abgeholzt werden. Vor Gericht, mit Festivals und Unterschriftenkampagnen kämpften Indianer und Naturschützer jahrelang gegen die schier übermächtige Forstindustrie. Das Stein Valley wurde zum Prüfstein für die Regierung – und die gab schließlich nach und erklärte das gesamte Tal zum Provinzpark. Ein bis heute viel gefeierter Umweltsieg.

Werbung von einst: Auf zum Ski fahren in den Rockies

LET'S GO *Skiing!* VIA CANADIAN PACIFIC

Parallel zum Tal des Stein River klettert die **Duffey Lake Road** über die Berge – auch eine ehemalige Holzfällerstraße, die mittlerweile durchgehend geteert ist. Ein Gletscher blinkt aus einem Seitental, stille Wälder umschließen das Asphaltband der Straße. Hinter dem niedrigen Paß über die Coast Mountains dehnt sich die Wasserfläche des umwaldeten Duffey Lake. Dann folgt die Straße dem tosenden Cayoosh Creek hinab zum Fraser River. Recht abrupt wandelt sich über die nächsten Kilometer die Vegetation: vom feuchten, dichten Küstenwald hin zu lichten, trockenen Kiefernbeständen und schließlich gar zu staubiger Savanne. Das Westernstädtchen **Lillooet** am Ufer des Fraser River paßt ganz gut in diese Cowboylandschaft.

Lillooet – Cache Creek – Kamloops – Vernon (295 km)

km	Zeit	Route	Routenverlauf siehe Karte S. 40.
0	9.00	Von **Lillooet** auf dem Hwy. 99 nach Norden	
74	10.00	Besuch der **Hat Creek Ranch**	
86	11.30	**Cache Creek**, weiter auf dem Trans-Canada Highway (Hwy. 1) nach Walhachin. Mittagspause: entweder als Picknick (am schönsten an dem Aussichtspunkt hoch über dem Kamloops Lake kurz vor Savona) oder später	
167	13.00	in **Kamloops**.	
203	15.00	Ab Monte Creek weiter auf dem Hwy. 97 südwärts zur **O'Keefe Ranch**	
295	17.00	Ankunft in **Vernon**.	

ROUTE 3 Informationen

Hat Creek Ranch
Kreuzung Hwys. 97 & 99
Im Sommer tägl. 10–18 Uhr, Eintritt $ 5
1863 erbaute Ranch und historisches Roadhouse an der Cariboo Waggon Road. Vorgeführt wird der Arbeitsalltag auf einer Ranch; *trailrides* und Kutschfahrten.

Chapters Viewpoint
610 W. Columbia St.
Kamloops, B.C.
✆ (250) 374-3224
Gepflegtes Aussichtsrestaurant hoch über der Stadt und dem Fluß. $–$$

O'Keefe Historic Ranch
Am Hwy. 97, 12 km nordwestlich von Vernon
Im Sommer tägl. 9–17 Uhr, Eintritt $ 6
1867 gegründete, restaurierte Ranch mit originalem Haus der O'Keefe-Familie, General Store, Post Office und Schmiede.

Vernon, B.C. **Vorwahl:** ✆ 250

Kalamalka Beach
Öffentlicher Strand an der Kalamalka Lake Rd. am Südende von Vernon.

The Village Green Hotel
4801, 27th St.
Vernon, B.C. V1T 4Z1
✆ 542-3321, Fax 549-4252
Geräumiges Hotel mit Swimmingpool; gutes Steak-Restaurant. $$–$$$

Best Western Villager Motor Inn
5121, 26th St., Vernon, B.C. V1T 8G4
✆ und Fax 549-2224
Gutes Standardmotel mit Hallenbad; Restaurants nahebei. $$

Newport Beach Rec. Park
Westside Rd., Vernon, B.C. V1T 6M6
✆ 542-7131, Fax 542-5859
Privater Campingplatz nahe der O'Keefe Ranch; Bootsvermietung und Bademöglichkeit im Swan Lake; Gelegenheit zu Golf und Tennis in der Nähe.

Ellison Provincial Park
Am Ostufer des Okanagan Lake, 16 km südlich von Vernon
Schöner, noch nicht überlaufener öffentlicher Campground.

Thompson-Okanagan Tourism Association
1332 Water St.
Kelowna, B.C. VAY 9P4
✆ (259) 860-5999, Fax 860-9993

Feste

Vor allem zur Erntezeit im Herbst (Weinfeste) finden im Okanagan-Tal zahlreiche Festivals statt. Aber auch im Sommer ist viel los, z. B. beim **Bluegrass Festival** von Kelowna Anfang Juli. – Termine für Feste und weitere Informationen über Weingüter, Unterkünfte usw. erhält man in Vernon im **Travel Info Centre** am Hwy. 97.

3 Am Fluß ohne Wiederkehr

Der Fraser River und das Okanagan-Tal

Das heute recht verschlafen wirkende Städtchen **Lillooet** auf einer breiten Uferterrasse am Fraser River muß zur Goldgräberzeit um 1860 ein turbulentes Städtchen gewesen sein. Hier begann die alte **Cariboo Waggon Road**. Tausende von Desperados machten Station in Lillooet, tranken in den Saloons der Boomtown, wagten noch ein Pokerspiel und kauften Proviant für ihren langen Weg zu den Goldfeldern von Barkerville. Handel und Transport florierten, und um neue Geschäftsideen war man nicht verlegen, wie die folgende Anekdote beweist: 1862 importierte ein Händ-

»Bridge over troubled waters«: am Fraser River unterhalb Hells Gate

ler aus Lillooet 23 mongolische Dromedare, um sie als kostengünstige und wassersparende Lasttiere einzusetzen. Abgesehen von ihrem großen Verblüffungserfolg bei den Indianern war den Wüstenschiffen allerdings nur eine kurze Karriere beschieden. Da sämtliche Pferde und Maultiere auf dem Trail jedesmal in höchste Panik ausbrachen, wenn die spukkende, stinkende Karawane nahte, mußte ihr Besitzer dieses Frachtgeschäft bald aufgeben.

Das heutige Lillooet, dessen Name übrigens von dem indianischen Wort für »wilde Zwiebeln« stammt, ist eine gemütliche Kleinstadt. Farmer in Overalls und Indianer in Jeans kaufen im Supermarkt ein, die Main Street brütet in der Nachmittagshitze. An die rauhbeinige Vergangenheit erinnern nur noch ein paar Hausfassaden, die Relikte im Pioniermuseum – und der kahle Stamm des *hangman's tree*, an dessen Ast einst angeblich die Bösewichte baumelten.

Der Seton Lake bei Lillooet

Parallel zur alten Cariboo Waggon Road führt unsere Route am – hier im *interior* mit ziemlicher Sicherheit sonnigen – Morgen zunächst einige Kilometer am Fraser River entlang. Glitzernd schieben sich die Wassermassen in weiten Bögen durch das breite Tal. 233 000 Quadratmeter Land entwässert der Strom, ein Gebiet von der Größe der Bundesrepublik Deutschland vor der Wiedervereinigung – aber nur ein Viertel der Provinz British Columbia. Trotzdem ist er der größte kanadische Fluß westlich der Rocky Mountains

Willkommen auf der Ranch: der Huf-schmied ...

und mit 1 368 Kilometer Länge zehntlängster Fluß des Landes. Kristallklar entspringt er am Westhang der Rockies, bricht sich mit unbändiger Gewalt seinen Weg durch die Küstenberge und endet schließlich in einem nahezu 50 Kilometer breiten Delta bei Vancouver am Pazifik.

Hier im mittleren Teil des Flusses mäandert der Fraser recht friedlich zwischen den Hügeln. Der wildeste Teil liegt weiter stromabwärts zwischen Lillooet und Vancouver: der **Fraser Canyon**. Dort durchkletterte der Namensgeber Simon Fraser 1808 mühsam die Schlucht, konnten später keine Raddampfer gegen die reißende Strömung ankämpfen und mußten die Goldgräber zu Fuß weiter, um an die *nuggets* in den Sandbänken zu kommen.

Aus dem Flußtal geht es auf dem Highway 99 weiter über die nächste Hügelkette. Auf der **Hat Creek Ranch** wartet ein weiteres Stückchen Pioniergeschichte. Hier steht noch eines der malerischen alten Roadhouses, an denen im letzten Jahrhundert die Pfer-

... der Hat Creek Ranch

de der Postkutschen gewechselt wurden und die Fahrgäste sich von der Rütteltour erholen konnten.

Nächster Stopp am Wegesrand: **Cache Creek**, ein gräßliches Straßendorf am Trans-Canada Highway voller Werbeschilder und Ketten-Motels. Nur für Aktivurlauber hat der Ort touristischen Nährwert: Auf dem Thompson River und weiter südlich im Fraser Canyon warten auf die Schlauchbootfahrer Stromschnellen, die den Adrenalinspiegel heben.

Zwischen Hügeln folgt der Trans-Canada Highway dem Tal des Thompson River nach Osten. Der Griff zur Klimaanlage wird in der sommerlichen Bruthitze der Region zur Notwendigkeit. Das ausgedörrte Land ist fruchtbar, doch muß es vom Fluß her bewässert werden. Bei **Walhachin** begleiten linker Hand die hölzernen Ruinen eines Aquädukts den Highway – Reste von Bewässerungsanlagen, mit denen um 1900 englische Siedler hoffnungsvoll Felder anlegten. Im Ersten Weltkrieg kehrten sie nach Europa zurück, und ihr grünes Paradies verfiel.

Wenig später beginnt der **Kamloops Lake**, auf dem der Wind seltsame Muster zeichnet. Vom Aussichts-

Kamloops Lake im »Interior« von British Columbia

punkt hoch über dem Wasser fällt der Blick auf ver-
witterte Klippen und grüne Plantagen, die wie ein
Flickenteppich das Südufer säumen. Kamloops Lake,
aus dem der Thompson River fließt, ist der westlichste
See in der riesigen Seenplatte der Shuswap Lakes.
Allein der Hauptsee, der **Shuswap Lake** gut 100 Kilo-
meter weiter östlich, bietet über 1 000 Kilometer Ufer-
linie und zahllose einsame Buchten zum Ankern und
Baden – ein Dorado für Hausbootkapitäne und andere
Wassersportler. Dort liegt übrigens auch der berühmte
Adams River, in dessen flaches Gewässer im Oktober
Millionen von knallroten Sockeye-Lachsen zum Lai-
chen kommen – ein einzigartiges Naturschauspiel.

Doch zunächst kommt **Kamloops**, mit rund
150 000 Einwohnern die größte Stadt im Landesinneren der Provinz. Das touristische Potential beschränkt
sich allerdings auf gute Supermärkte zum Aufstocken
der Verpflegung und ein nettes Lunch-Restaurant mit
Blick über das Tal. Dann nichts wie raus aus dem dichten Verkehr und zurück zur Natur.

Das jedoch ist entlang dem Trans-Canada Highway
gar nicht so leicht: Obstständer, Fast-food-Lokale und
Läden für Farmbedarf in ununterbrochener Folge. Erst
weit außerhalb der Stadt im Tal des South Thompson
River wird es wieder ruhiger. Nur die dröhnenden
Loks auf der parallel verlaufenden Bahnlinie begleiten
uns noch ein Stück.

In **Monte Creek** zweigt der Highway 97 nach Südosten ab, windet sich durch wellige Hügel und
Wäldchen, führt vorüber an Rinderweiden und kleine
Farmen und zielt schließlich hin zum **Okanagan-Tal**.
Unsere Route streift nur den Nordrand dieser vor allem
bei den kanadischen Urlaubern sehr beliebten Region,
doch wer einige Badetage einlegen will, kann bis nach
Kelowna oder Penticton zum Strandurlaub weiterfahren.

Gut 200 Kilometer mißt das Okanagan-Tal von Nord
nach Süd. Kernstück dieser kanadischen Riviera ist
eine Kette langgestreckter Restseen aus der Eiszeit,
die durch den Okanagan River nach Süden hin zum
Columbia River entwässert werden. Das fruchtbare
Schwemmland der alten Uferterrassen eignet sich
bestens zum Obstanbau. Jedes auch nur annähernd

flache Grundstück um die Ferienmotels und Campingplätze, um die Segelhäfen und Sandstände wird bebaut – von Osoyoos bis Vernon.

Ein Drittel aller Pfirsiche, Kirschen, Pflaumen und Äpfel Kanadas kommt aus dem Okanagan-Tal, 100 Prozent aller Aprikosen und ein stetig steigender Anteil an Weintrauben, aus denen die kanadischen Winzer verblüffend guten Wein keltern. Mehr als 20 Weingüter gibt es bereits in dem Tal, das etwa auf demselben Breitengrad liegt wie der Rheingau und ungleich mehr (jährlich über 2 000) Sonnenstunden aufweisen kann. Gute Voraussetzungen für gute Tröpfchen.

Am Nordrand des Okanagan-Tals lohnt sich kurz vor Vernon ein Stopp auf der **O'Keefe Ranch**, einer der ältesten Ranches im Westen Kanadas. Sie wurde 1867 angelegt, um die Goldgräber im Norden mit frischem Fleisch zu versorgen. Die historischen Ranchgebäude, Wohnhaus, Laden, Schmiede und die rancheigene Kirche sind in einem Freilichtmuseum erhalten – gute Fotomotive mit Pionierflair. Als besonderes Schmankerl für die *German visitors* gibt es das Haus der ersten deutschen Pionierfamilie in West-Kanada zu sehen. Katharina und Augustus Schubert zogen 1862 von Ost-Kanada aus nach Westen und siedelten später in dieser Region. Die Reise quer durch den Kontinent unternahm die tüchtige Pioniersfrau sogar schwanger und gebar prompt nach Ankunft das erste weiße Kind im Landesinnern.

Kurz nach der ältesten Ranch ist auch schon **Vernon** erreicht, ein beschauliches Provinzstädtchen am grünen, kühleren Norden des Okanagan-Sees. Trotzdem, der **Kalamalka Lake**, der in einem Paralleltal des Okanagan Lake bis an den Südrand der Stadt heranreicht, ist herrlich warm und lockt zum Bad.

Historischer Laden auf der O'Keefe Ranch

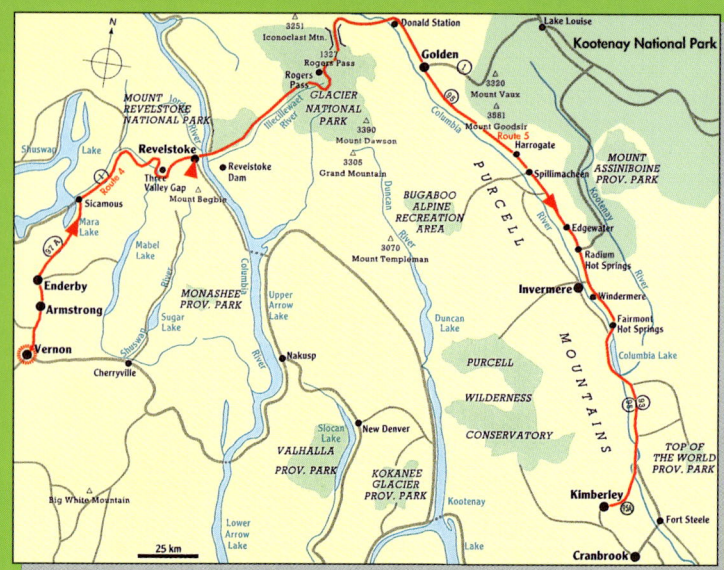

km	Zeit	Route
0	9.00	Von **Vernon** am Hwy. 97 A nach Norden.
75	10.30	In **Sicamous** rechts ab auf den Trans-Canada Highway (Hwy. 1) nach
146	12.30	**Revelstoke** (Lunch, im Hotel einchecken).
	14.00	Hwy. 1 ostwärts, Stichstraße (zur Hochsaison im Sommer Bus-Pendeldienst) zum Gipfel des **Mount Revelstoke** (Wanderung); Rückkehr nach
181	18.00	**Revelstoke**.

Eintrittspreise für die Nationalparks: Die Gebühren für die kanadischen Nationalparks betragen meist $ 10 pro Tag und Fahrzeug ($ 5 für eine Einzelperson). Eine Jah-
reskarte für alle Parks im Westen Kanadas kommt auf $ 70 pro Fahrzeug (Einzelper-
son $ 35), für eine längere Rundfahrt durchaus eine lohnende Investition.

Beardale Castle Miniatureland
Am Hwy. 1, 30 km östlich von Sicamous
Skurrile Puppenwelt mitten in der Wildnis.

 Three Valley Gap
Am Hwy. 1, östlich von Sicamous
Kleine, rekonstruierte Geisterstadt; im
Sommer tägl. 20 Uhr Wildwest-Show im
Theater.

Revelstoke   **Vorwahl: ✆ 250**

 Revelstoke Visitor Info Centre
204 Campbell Ave.
Revelstoke, B.C. V0E 2S0
✆ 837-5345, Fax 837-4223

 Pioneer Fred's Frontier Restaurant
Am Hwy. 1
Revelstoke
Bodenständiges Lokal im Western-Look;
außerdem ausgezeichnetes Frühstück.
$–$$

 Best Western Wayside Inn
1901 Laforme Blvd.
Revelstoke, B.C. V0E 2S0
✆ 837-6161, Fax 837-5460
Nach wie vor ein verläßliches Ketten-
hotel. $$$

 The Regent Inn
112, 1st St. East & Victoria Rd.
Revelstoke, B.C. V0E 2S0
✆ 837-2107, Fax 837-9669
Gepflegtes, kleineres Hotel im histori-
schen Zentrum; gutes Restaurant und
Saloon.
$$

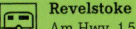 **Revelstoke KOA**
Am Hwy. 1,5 km östlich von Revelstoke
✆ 837-2085
Guter Privat-Campingplatz mit Swimmingpool – und nächtens tutender Eisenbahn.

 Lamplighter Campground
Am Hwy. 23 South
Revelstoke
✆ 837-3385
Privatplatz auf der Westseite des Colum-
bia River.

Mount Revelstoke National Park

Größe: 263 km²

Gründungsjahr: 1914

Lage: am Westhang der Columbia
Mountains in Zentral-British-Columbia

Sehenswürdigkeiten: Summit
Road zu den Bergwiesen um den
Gipfel des Mt. Revelstoke (im Hoch-
sommer Shuttlebus)

Einrichtungen: 44 km Wanderwege, Picknickplätze

Info-Adresse: Superintendent, Mt.
Revelstoke National Park, P.O. Box
350, Revelstoke, B.C. V0E 2S0,
✆ 837-7500

*Werbung aus den 20er Jahren: die
Rockies als Urlaubsziel für englische
Lords und Ladies*

4

»Ein Nagel wie jeder andere…«

Canadian Pacific Railroad

*Einer der »Geister«
von Three Valley Gap*

Aus dem fruchtbaren, gut erschlossenen Okanagan-Tal geht es heute weiter ostwärts – hinauf in die stillen grünen Höhen der Columbia Mountains und in den ersten Nationalpark entlang unserer Route. Besonders ab Ende Juni ist diese Strecke reizvoll, denn dann stehen bis Anfang September die Bergwiesen am Mount Revelstoke in voller Blütenpracht.

Vorbei an weidenden Kühen, roten Farmen und an den blauen Fluten des Mara Lake führt der Highway 97 A von **Vernon** nach Norden. In **Sicamous** am äußersten Ostende des Shuswap Lake mündet er in den Trans-Canada Highway. Der kleine Ort ist die Wassersportkapitale der Shuswap-Seenplatte. Zu Dutzenden dümpeln Hausboote an den Piers, Wasserskifahrer und Windsurfer ziehen auf dem Mara Lake ihre sprühenden Bahnen.

Eine andere Bahn begleitet parallel zum Highway unseren Weg hinein in die Monashee Mountains, die »Canadian Pacific Railroad«. Fünf oder sechs knallrote Loks vornweg, dahinter eine buchstäblich kilometerlange Waggonschlange mit Kohle und Weizen rumpeln langsam vorüber. Ein Stück hinter Sicamous dann ein Schild: **Craigellachie**. Kein Ort, sondern lediglich ein Sektionspunkt der Bahn, aber ein sehr geschichtsträchtiger, wie die kleine Ausstellung am Highway zeigt.

Am 7. November 1885, einem düsteren, regnerischen Tag, wurde an dieser Stelle nach vierjähriger Bauzeit der letzte Nagel in den Schienenstrang der transkontinentalen Eisenbahn geschlagen. Kein goldener Nagel, wie ihn die USA zum krönenden Abschluß ihrer Bahnlinie verwendet hatten, ein einfacher Eisennagel war es, der den Atlantik mit dem

Pazifik verband und der das riesige, dünn besiedelte Land zusammenschweißen sollte. In den Worten
des verantwortlichen Eisenbahn-Ingenieurs William
van Horne: ein Nagel »genauso gut wie all die anderen Eisennägel, die diese Eisenbahn gebaut haben«.

Sommerlicher Farben-
rausch – nur zwei
Monate blühen die
Wiesen am Gipfel des
Mount Revelstoke

Die Vollendung dieses stählernen Bandes von
Meer zu Meer hat Kanada geprägt und geformt wie
kaum ein anderes Ereignis. Erst durch die Eisenbahn
wurde die junge Provinz British Columbia an das
ferne Kanada auf der anderen Seite des Kontinents
gebunden. Erst durch sie konnten Siedler in die
Prärien und in die fruchtbaren Täler des Westens
gelangen, konnten *prospectors* ihre Bodenschätze aus
den Bergen holen und Touristen die Rockies erleben.
Fast 80 Jahre lang waren die Schienen Kanadas ein-
ziges Verkehrsmittel von Küste zu Küste. Dann erst,
1962, kam der Trans-Canada Highway, auf dem die
heutigen Besucher reisen, und auch er wurde entlang der alten Bahntrasse gebaut.

Bis auf den Holzeinschlag sind die stillen Hügel
der Monashees noch wenig berührt. Nur einige

skurrile Attraktionen finden sich hier fernab jeder Siedlung und versuchen, aus dem vorbeiflutenden Verkehrsstrom Touristen abzuzweigen. **Beardale Castle** zum Beispiel gehört Herbert Egin, einem ausgewanderten badischen Malermeister, dessen fixe Idee zum Lebenswerk wurde. Seit rund 30 Jahren bastelt er an seiner völkerverbindenden Miniaturwelt mit deutschen, schweizerischen und kanadischen Puppendörfern und Modelleisenbahnen. Ein Stückchen weiter lockt ein Märchenwald mit Hunderten kitschigen Gartenzwergen, und bei **Three Valley Gap** ist gar eine komplette, recht fotogene Geisterstadt zusammengetragen worden.

Lebendiger wird es erst wieder im Tal von **Revelstoke**. Die 8 000-Seelen-Stadt am Columbia River entstand vor etwa 100 Jahren als Rangierbahnhof der »Canadian Pacific Railroad« und wurde nach einem Londoner Finanzier der Bahn, Lord Revelstoke, benannt. Die Innenstadt – direkt an der Bahnlinie, wie könnte es anders sein – hat in den letzten Jahren ihre viktorianische Vergangenheit poliert: kleine Holzhäuser mit geschnitzten Veranden, Banken und Läden mit verzierten Steinsimsen und ein massives, turmgekröntes Gerichtsgebäude.

Die eigentliche Attraktion von Revelstoke ist aber nicht im, sondern über dem Ort: der **Mount Revelstoke National Park**. Das für kanadische Verhältnisse winzige Naturschutzgebiet wurde schon 1941 auf Wunsch der Einwohner von Revelstoke gegründet und umfaßt eigentlich nur den Berg vor ihrer Haustür. Aber der bietet – eine Seltenheit in Kanada – eine Straße bis zum Gipfel. So beliebt ist der Park, daß mittlerweile in der Hochsaison sogar ein Shuttlebus-Service eingerichtet wurde, um die Besucher nach oben zu bringen.

Die schon 1927 angelegte Summit Road zeigt vorzüglich die Vegetationszonen der **Columbia Mountains**. Zunächst klettert die Straße durch die düsteren Wälder des Columbia Forest mit dichtem Unterholz und mächtigen Cedars und Hemlock-Tannen. Bei etwa 1 300 Meter Höhe wechselt die Vegetation: lichter, subalpiner Wald mit Fichten und schmalen

Geisterstadt Three Valley Gap

Engelmann-Tannen. Auf 1800 Metern beginnt die Zone der Bergwiesen. Und die sind das eigentliche Ziel unseres Abstechers.

Während der kurzen Sommermonate explodieren die Wiesen um den Gipfel in einem Farbenrausch: filigranes, schneeweißes Wollgras, Gletscherlilien, zartgelbe Columbinen, blaßrote Veilchen und blauviolette Lupinen. Am schönsten sind die leuchtendroten Büschel der *indian paintbrush,* die tatsächlich wie ein Malerpinsel aussieht. Auf kleinster Fläche drängen sich irrwitzig viele Farben und Blütenformen.

Das scheint aber auch geboten, denn die Pflanzenwelt am Gipfel hat pro Jahr kaum drei Monate Wachstumsperiode. Auch die armen Murmeltiere hierzulande müssen neun Monate winterschlafen. Ihr Riesenhunger ist verständlich, wenn sie – genau wie die frechen blauen Häher – an den Picknicktischen etwas zu ergattern versuchen.

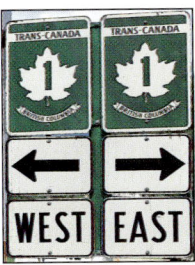

Der Trans-Canada Highway erstreckt sich über rund 8000 Kilometer vom Atlantik zum Pazifik

Revelstoke im Tal des Columbia River

ROUTE 5 — Revelstoke – Golden – Kimberley (384 km)

km	Zeit	Route
		Route siehe Karte S. 56.
0	9.00	Von **Revelstoke** auf dem Hwy. 1 nach Nordosten
40	9.30	Wanderung am **Giant Cedars Trail** (ca. 30 Min.), danach weiter nordostwärts und durch den **Glacier National Park** (Zeitzonengrenze zur *Mountain Time* nach dem Rogers Pass, plus eine Stunde) nach
148	12.30	**Golden** (hier Lunch oder später Picknick am Columbia River nördlich von Golden), dann Hwy. 95 South nach
253	15.00	**Radium Hot Springs** (Badepause). Weiter auf dem Hwy. 95 über Invermere nach Süden
357	17.00	Abzweigung zum Hwy. 95 A nach
384	17.15	**Kimberley**.

ROUTE 5 — Informationen

Giant Cedars Trail
Am Hwy. 1, 40 km östlich von Revelstoke
Guter Lehrpfad auf einem Brettergehsteig durch den Columbia-Regenwald, ca. 20–30 Min.

Radium Hot Springs
Am Südeingang des Kootenay National Park
Im Sommer tägl. 8–22 Uhr, Eintritt $ 5
Heiße Quellen, die zwei Pools speisen.

Kimberley, B.C.   **Vorwahl: ℭ 250**

Kimberley Visitor Info Centre
350 Ross St.
Kimberley, B.C. V1A 2Z9
ℭ 427-3666, Fax 427-5378

Purcell-Rocky Mountain Resort Hotel
Gerry Sorensen Way, P.O. Box 339
Kimberley, B.C. V1A 2Y9
ℭ 427-5385, Fax 427-5380
Wintersport-Hotel am Skilift; Apartments mit Küche und offenem Kamin; günstig im Sommer. $$

Inn of the Rockies
300 Wallinger Ave.
Kimberley, B.C. V1A 1Z4
ℭ 427-2266, Fax 427-7621
Einfaches Hotel direkt im Ortszentrum; Restaurant. $$

Happy Hans Campground
Gerry Sorensen Way
ℭ 427-2929, Fax 427-2917
Großer städtischer Campingplatz, nur 2 km vom Zentrum; Golfplatz gegenüber.

Fort Steele Campground
Am Hwy. 93/95, 2 km südlich von Fort Steele
ℭ 426-5117
Ruhige Lage, nahe zum Museumsdorf.

Old Bauernhaus
280 Norton Ave.
ℭ 427-5133
Brotzeit und Gemütlichkeit mit Blick über Kimberley im original importierten bayerischen Haus. $–$$

Feste:

Kimberley richtet während des Sommers eine ganze Reihe alpenländisch angehauchter Feste aus: z.B. Mitte Juli die **Accordion Championships**, Mitte August die **Platzl Days** und Anfang September das **Alpine Folk Festival**

Marble Canyon im Kootenay National Park ▷

5

Regenwald und Gletschereis

Giant Cedars und Glacier-Nationalpark

Regenwald mit Bäumen von beachtlicher Größe

Der nächste Morgen bringt einen Szenenwechsel von den luftigen Gipfelwiesen am Mount Revelstoke zurück in den dunklen, dichten Wald in den Tälern. Von Revelstoke aus beginnt der Trans-Canada Highway seinen langen Anstieg hinauf zum abweisenden Wall der Selkirk Range in den Columbia Mountains. Immer nach Osten, der Sonne entgegen, folgt die Straße dem tief eingeschnittenen Tal des **Illecillewaet River** (der widerborstige Name kommt übrigens aus dem Indianischen und bedeutet ganz einleuchtend »großes, schäumendes Wasser«).

Ein Halt am **Giant Cedars Trail** gibt Gelegenheit, den feuchten Riesenwald dieser Region genauer kennenzulernen. Die *wardens* (Parkaufseher) haben dort ganz vorbildlich einen Lehrpfad durch den modrig duftenden Urwald angelegt – bei Sonne oder Regen ein lohnender Spaziergang. Bei neblig-nieseligem Wetter wirken die hohen Farne, die meterdicken bemoosten *cedars* (eine Thuja-Art, verwandt den Lebensbäumen) und glucksenden Bäche sogar besonders eindrucks- und geheimnisvoll. Feuchtes Wetter ist auch typischer, denn am Westhang der Columbia Mountains stauen sich mit schöner Regelmäßigkeit die Wolken und regnen sich ab.

So entstand über Jahrtausende ein richtiger Regenwald mit dichtem Unterholz – und dem mannshohen *devil's club*, einem Busch aus der Ginseng-Familie, dessen feine Dornen bei der Berührung abbrechen und in der Haut steckenbleiben. Ohne die Brettersteige auf dem Lehrpfad wäre unser Bummel eine blutige Angelegenheit.

Walter Moberly, ein Pfadfinder und Straßenbauer der damaligen Kolonie British Columbia, hatte schon

1862 den Eagle Pass über die Monashee Mountains entdeckt. Doch der weitere Weg für eine Bahnlinie war ungewiß. Die Strecke durfte aus militärischen Gründen nicht zu nahe der US-Grenze verlaufen, aber auch nicht zu weit nördlich verlegt werden, um die fruchtbaren Farmgebiete nicht zu umgehen. So blieb nur der Weg durch die zentralen Rockies und durch die Columbia-Berge.

Doch nicht einmal die Handelsrouten der Indianer führten durch die weglose Wildnis der Columbias. Ein Paß war unbekannt. Trotzdem ließ William van Horne, der Baudirektor der »Canadian Pacific Railroad«, 1881 die Schienen von Ost und West her auf

Auf dem Bretterweg ist man im Regenwald sicher vor dem stacheligen »devil's club«

Am Rogers Pass: Denkmal für die Fertigstellung des Trans-Canada Highway im Jahr 1962

Glacier National Park

Größe: 1350 km²

Gründungsjahr: 1886

Lage: am Grat der Selkirk Mountains in Zentral-British-Columbia

Sehenswürdigkeiten: Bergpanorama, Gletscher und Denkmal für die Fertigstellung des Trans-Canada Highway am Rogers Pass

Einrichtungen: sehr gutes Visitor Centre, Lodge und Restaurant am Rogers Pass, Campingplätze

Info-Adresse: Superintendent, Glacier National Park, P.O. Box 350, Revelstoke, B.C. V0E 2S0, © (250) 837-7500

diese Berge zutreiben. Gleichzeitig sandte er Major A. B. Rogers los, einen bewährten Pfadfinder, den wohl weniger die 500 Dollar Prämie für die Entdeckung des Passes lockten als das Versprechen, diesen Paß nach ihm zu benennen. Für Unsterblichkeit nimmt man schon allerlei Mühsal auf sich.

Mit seinen indianischen Trägern kämpfte er sich das Tal des Illecillewaet hinauf und konnte den Paß schon in der Ferne erahnen, als er wegen Proviantmangel wieder umkehren mußte. Im Frühjahr 1882 bestieg er dann endgültig »seinen« Paß. Schon drei Jahre später fauchten Dampfloks durch die einsamen Reviere der verdutzten Grizzlies im heutigen **Glacier National Park**.

Mit den Hammerschlägen auf den letzten Nagel der »Canadian Pacific Railroad« war das Monumentalwerk vollendet, doch nur die erste Schlacht gewonnen. Der Krieg gegen Wetter und Wildnis ging nun erst los. Schon wenige Tage nach der Fertigstellung mußte die Bahnlinie wegen Schneefall gesperrt werden, und in den Folgejahren forderten Lawinen immer wieder Menschenleben. Bis zu 23 Meter Schnee fallen jährlich auf die steilen 3000er Gipfel der zentralen Selkirk Range. Erst ein 16 Kilometer langer Tunnel unter dem Paß machte die Bahn 1916 zum sicheren Allwetterverkehrsmittel. Als 1962 der Trans-Canada Highway über den 1327 Meter hohen **Rogers Pass** gebaut wurde, ging der Lawinenkrieg wieder von neuem los. Schutzdächer aus massivem Beton mußten gebaut werden, und bis heute werden jeden Winter schwere Mörser der kanadischen Armee in Stellung gebracht, um Lawinen rechtzeitig abzuschießen.

Im modernen Visitor Centre auf Paßhöhe wird der Krieg gegen den Schnee in Ausstellungen und Filmen veranschaulicht. Draußen scheint derweil die Sonne auf das schmale Hochtal zwischen den schroffen Zinnen der Selkirk Mountains. Von Süden grüßt das grauweiße Eis des breiten Illecillewaet-Gletschers, der wie viele andere der 400 Gletscher im National Park in neuester Zeit wieder auf dem Vormarsch ist – einen Meter pro Jahr. Im Norden scheinen die gezackten Granitwände der Hermit Range den Weg des Highway zu versperren.

Doch die Straße zwängt sich durch eine enge, von zahllosen Lawinenschneisen gemarterte Schlucht weiter nach Osten. Im Tal des Beaver River – hier wird die Zeitumstellung auf *Mountain Time* fällig – geht es dann weiter zum **Columbia River**, der in einem weiten Bogen die Berge umfließt.

In **Golden**, ähnlich wie Revelstoke ein Rangierstädtchen der »CPR«, wird es ruhiger auf unserer Route, denn Bahnlinie und Trans-Canada Highway wenden sich nach Osten in die Rocky Mountains. Wir bleiben dagegen dem Columbia River treu und folgen ihm nach Süden zu seiner Quelle.

Der Strom mäandert hier durch den sogenannten Rocky Mountain Trench, einen uralten Grabenbruch, der die Grenze zwischen den 60 Millionen Jahre jungen Rocky Mountains im Osten und den viel älteren

Bayerndorf Kimberley: sogar die Feuerhydranten tragen Dirndl

Beeindruckende Bergwelt im Glacier National Park

Kootenay National Park

Größe: 1406 km²

Gründungsjahr: 1919

Lage: am Westhang der südlichen Rocky Mountains in British Columbia

Sehenswürdigkeiten: wild- und waldreiche Gebirgslandschaft entlang dem Hwy. 93; farbenprächtiger Sinclair Canyon, heiße Quellen bei Radium Hot Springs

Einrichtungen: Badehaus und Information Centre in Radium Hot Springs, drei Campingplätze und zahlreiche Picknickplätze

Info-Adresse: Superintendent, Kootenay National Park, P.O. Box 220, Radium Hot Springs, B.C. V0A 1M0, ☎ (250) 347-9615

Columbia Mountains im Westen bildet. Auf dem Highway 95 kommt man in dem flachen, oft über zehn Kilometer breiten Tal schnell voran. Kleine Farmen und sumpfige Niederungen, in denen Kanadagänse nisten, säumen den Weg.

Eine willkommene Pause wartet in **Radium Hot Springs**. Den heißen Quellen im knallig ockergelben Sinclair Canyon nahe dem Eingang des **Kootenay National Park** haben schon die Indianer wundersame Heilkräfte zugeschrieben. Jetzt kann das warme Wasser sein belebendes Werk an den vom Autofahren steifen Gliedern von uns Bleichgesichtern tun. Wer übrigens ein naturbelassenes Badevergnügen dem gefaßten Becken von Radium vorzieht, sollte ein Stück weiter nach Süden fahren: Im Whiteswan Lake Provincial Park östlich des Highway 95 kann man einfach im Fluß sitzen, der dort von einer heißen Quelle gewärmt wird.

Invermere, **Windermere**, **Fairmont** – lauter kleine Erholungsorte mit Ferienhotels, hübschen Seen und weitläufigen Golfplätzen. Danach kommt ein letzter, größerer See, der **Columbia Lake**. Er ist der Ursprung des mächtigen, gleichnamigen Stroms, der sich von hier 2 000 Kilometer durch die Berge des Nordwestens

Akkordeon-Spieler vor gemalter Alpenland-Kulisse in Kimberley

windet, ehe er bei Portland im US-Bundesstaat Oregon in den Pazifik mündet – der größte Fluß an der Pazifikküste Nordamerikas.

Das letzte Stück unserer Tagesroute folgt dem Kootenay River durch dünn besiedeltes Ranchland, über dem im Osten die Bergketten der Rockies aufsteigen. Auf die Wanderer warten dort und auch in den Selkirk Mountains im Westen mehrere große Provinzparks und Wildnisschutzgebiete mit Trails in die Bergeinsamkeit.

Ein Stückchen weiter südlich zweigt der Highway 95 A von der Hauptstraße ab und führt durch voralpenländische Wiesen und Wäldchen zum »bayerischen« **Kimberley**. Ursprünglich war der Bergbauort die Schlafstatt der Arbeiter aus der nahen Sullivan-Mine, einst das größte Blei-Zink-Silber-Bergwerk der Welt. Doch 1972 fuhr die Mine ihre Produktion zurück, und der Stadt drohte der Ruin. Da gebaren die Stadtväter die glorreiche Idee, Kimberley neu zu vermarkten – als Touristenziel und bayerisches Dorf.

Die Hauptstraße wurde zur Fußgängerzone erklärt und bekam einen Oberbayern-Look verpaßt. Die Restaurants servierten Wurst, die Geschäfte verkauften Dirndl. Sogar die urkanadischen Feuerhydranten wurden mit Lederhosenbemalung »bajuwarisiert«. Die Rechnung ging auf – und mittlerweile haben sich sogar Bayern und Österreicher hier angesiedelt. »Die Landschaft ist wie in den Alpen, hier kann man sich wohl fühlen«, meint der Ex-Österreicher Adi Unterberger. Er ist Showstar im »Rocky Mountain Yodel Duo« und hat einen Souvenirladen an der Hauptstraße gegenüber der weltgrößten Kuckucksuhr, die zur vollen Stunde vom Tonband jodelt.

Heute ist Kimberley ein schmuckes Städtchen, das gut von seinem Image lebt. Ein anachronistisches Déjà-vu-Erlebnis putziger Alpen-Atmosphäre in der kanadischen Wildnis. In den Läden liegen Porzellanteller, bestickte Tischtücher und allerlei alpenländischer Nippes – made in Germany oder Austria. Beim Volkstanzfest Ende August treten die »Happy Oberkreiner's« aus Calgary und die »Enzian Schuhplattler« aus Seattle auf. Kimberley stellt sich als eine Nische pseudo-bayerischen Brauchtums in der Fremde dar.

Werbung auf bayerisch

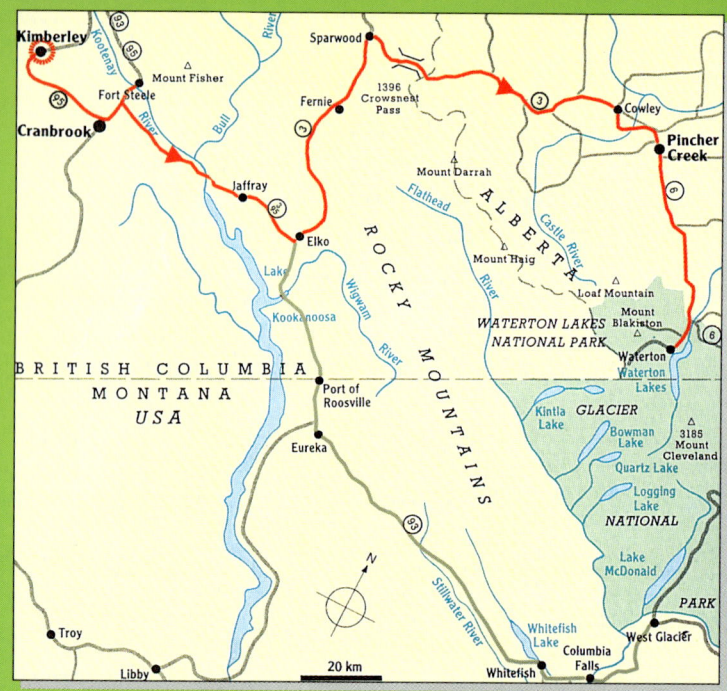

km	Zeit	Route
0	9.00	Von **Kimberley** auf dem Hwy. 95 bis
40	9.30	**Fort Steele** (Besichtigung, Lunch), danach weiter nach Süden. Evtl. kurzer Abstecher zurück nach Cranbrook zum **Canadian Museum of Rail Travel**, dann auf Hwy. 3 ostwärts nach Elko und über den
120	15.00	**Crowsnest Pass** nach Alberta. Nach einem Stopp am Frank Slide Interpretive Centre weiter auf dem Hwy. 3 bis Pincher Creek und von dort auf dem Hwy. 6 zum
305	18.00	**Waterton Lakes National Park**.

Fort Steele Provincial Heritage Park
Ab 9.30 Uhr geöffnet bis Sonnenuntergang, Eintritt $ 5.50

Museum im Wasa Hotel; tägl. Kutschfahrten; an den Wochenenden häufig historische Feste; Restaurant und Picknickmöglichkeiten.

Canadian Museum of Rail Travel
Am Bahnhof
Cranbrook

Im Sommer tägl. 8–20, sonst 10–18 Uhr, Eintritt $ 6
Eisenbahnwagen aus der guten alten Zeit, darunter der Salonwagen des »Trans-Canada Limited«.

Frank Slide Interpretive Centre
Hwy. 3 westl. des Ortes Crowsnest Pass
Im Sommer tägl. 9–20, sonst 10–16 Uhr, Eintritt $ 4
Großes Ausstellungszentrum über die Bergbaugeschichte der Region.

Kootenai Brown Historical Park & Museum
James Ave.

Pincher Creek
Im Sommer tägl. 10–20 Uhr, Eintritt $ 4
Ein herrlich kunterbuntes Pioniermuseum mit 12 historischen Gebäuden.

Waterton Townsite, B.C.
Vorwahl: ☎ 403

Kilmorey Lodge
117 Evergreen Ave.
Waterton Townsite, Alta. T0K 2M0
☎ 859-2334, Fax 859-2342
Gemütliches altes Hotel direkt am See; Landhausstil. $$–$$$

Bayshore Inn
111 Waterton Ave.
Waterton Townsite, Alta. T0K 2M0
☎ 859-2211, Fax 859-2291
Geöffnet April-Okt.
Modernes Hotel am Seeufer; Aussicht von der Kootenay Lodge. Schöner alter Speisesaal. $$

Camping
Es gibt mehrere Campgrounds im Waterton Lakes National Park. Falls diese voll sind, erhält man am Parkeingang Hinweise auf freie private Campgrounds in der Nähe.

The Lamp Post Dining Room
In der Kilmorey Lodge (s. Hotels)
Stilvolles Restaurant, gute Küche und gemütliche Bar. $$

Windsor Lounge
Im Prince of Wales Hotel
Historische Bar mit großartigem Blick über den Waterton Lake; ideal zum Sonnenuntergang.

»Sophie the Packer« in Fort Steele

6 Fort Steele

Pioniere und Polizisten

Zur Abwechslung steht am heutigen Vormittag keine Fahrstrecke durch neue Wälder und Berglandschaften auf dem Programm, sondern ein bunter Historienbummel durch die Pionierzeit der Kootenay-Region. Und es sind keineswegs toten Ruinen, die uns in **Fort Steele** erwarten, sondern eine mit viel Liebe zum Detail wiederbelebte *ghost town* mit quicklebendigen Geistern.

Jetzt am frühen Morgen ist noch alles ruhig hinter der hohen Palisadenwand, die das Städtchen umgibt.

Fort Steele: Kutschfahrt in den Wilden Westen

Die Main Street ist ausgestorben. Aus dem Pferdestall dringt hin und wieder ein Scharren und Schnauben, in einem der Hinterhöfe schreit ein Truthahn, ein paar Gänse streiten sich um besonders leckeres Löwenzahnblatt. Sonst ist alles ruhig. Nur aus dem Kamin der *city bakery* kräuselt sich etwas Rauch und zeigt, daß hier der Arbeitstag schon begonnen hat.

So sah es wohl auch vor 100 Jahren morgens hier aus, als Fort Steele eine blühende Stadt und auf dem besten Weg zur Metropole war. 1864 waren die ersten *prospectors* bis zum Westhang der Rockies vorgedrungen und hatten Gold am Wildhorse Creek entdeckt. Im folgenden Jahr buddelten bereits 5 000 Männer am Bachufer, und nahe seiner Mündung in den Kootenay River richtete der Ire John Galbraight eine Fähre ein, mit der er die Goldsucher über den Fluß brachte. »Galbraight's Ferry« hieß deshalb der Winzlingsort aus ein paar Bretterhütten, der am Fähranleger entstand. Wenig später war der Boom schon wieder vorüber, die Goldsucher zogen ab, und 1882 lebte nur noch eine Handvoll Siedler im riesigen Kootenay-Tal.

Erst als die Trans-Kanada-Eisenbahn 1885 bis Golden fuhr, wurde der Südteil der Rockies wieder interessant: Bergwerksgesellschaften begannen mit dem Goldabbau, und große neue Blei- und Zinkvorkommen wurden entdeckt. Der Ort Galbraight's Ferry blühte auf. Damals gab auch die kanadische Bundespolizei ein kurzes Gastspiel im Ort, um Auseinandersetzungen mit den Kootenay-Indianern zu schlichten. 1887 rückten unter dem Kommando von Superintendent Samuel Steele 75 Mann der »Northwest Mounted Police« an. Allerdings wurden die Streitigkeiten schnell und friedlich beigelegt, und schon im folgenden Jahr zogen die Polizisten wieder ab. Nur der Name des wackeren Haudegens Sam Steele, der übrigens später noch im Burenkrieg und im Ersten Weltkrieg diente, blieb: Die Bürger benannten Galbraight's Ferry in Fort Steele um – ein richtiges Fort war Fort Steele jedoch nie.

Der jungen Stadt sollte nur ein kurzes Leben vergönnt sein. Gut 1 000 Einwohner hatte sie 1895, die Geschäfte florierten, und die Bergwerke im Umland warfen hübsche Profite ab. Dann kam das Todesurteil:

Lokführer der East Kootenay Railway Company in Fort Steele

Wegen der Bodenspekulationen, die die Preise in die Höhe trieben, beschloß die Bahngesellschaft, ihre neue Linie an Fort Steele vorbeizuführen – der Bahnhof für die Region sollte in Cranbrook sein. Die Folge war absehbar. Händler, Bergbaubüros und Regierungsstellen zogen nach Cranbrook. Innerhalb von zehn Jahren war Fort Steele eine Geisterstadt und dämmerte über Jahrzehnte hinter zerbrochenen Fensterscheiben dahin. Der neue Aufschwung kam erst 1961, als die Provinzregierung die kümmerlichen Reste zum Denkmal erklärte. Die *ghost town* sollte als Museumsdorf der Bergbauzeit um 1890 fortleben, komplett restauriert und mit historischen »Bewohnern«. Aus heutiger Sicht ein gelungenes Projekt.

Pünktlich um zehn Uhr an jedem Sommermorgen erwacht die Stadt, und die »Geister« gehen zur Arbeit. Vor den langgezogenen, niedrigen Holzbaracken der rekonstruierten Kootenay Post treten die Truppen der »Northwest Mounted Police« an, ziehen die Flagge auf und holen sich die Tagesorder. Die Türen der Läden gehen auf, und das detailgenau kostümierte Völkchen des Fort Steele spielt Geschichte. Mr. Grace, der Zei-

Der Hufschmied von Fort Steele ...

tungsverleger, schwärmt von der kommenden Eisenbahn, die natürlich durch Fort Steele fahren wird. Einige Stadtschönheiten führen stolz ihre todschicken
neuen Kleider vor und jammern über die langsame
Post. Frank Armstrong, ein Besucher aus Windermere,
erzählt gestikulierend vom letzten Dampferunglück
auf dem Kootenay River.

Natürlich sind die Straßen heute etwas aufgeräum-
ter, als sie wohl früher waren, und die einst oft ruppi-
gen Sitten der Kartenspieler, Bergarbeiter und Prosti-
tuierten werden nicht ganz authentisch nachgespielt.
Aber alles in allem gibt Fort Steele einen recht guten
Einblick in das tägliche Leben einer Pioniersiedlung.
Und die nach altem Rezept gebackenen *cookies* der *city
bakery* sind fabelhaft …

Am Nachmittag geht es dann weiter nach Süden.
Cranbrook, der schnöde Nutznießer des Verfalls von
Fort Steele, ist eine geschäftige Industriestadt, die sich
ewig lange am Highway hinzieht. Cranbrook weiß,
was es der Eisenbahn schuldet und huldigt seinem
Gründer mit dem **Canadian Museum of Rail Travel**.
Seit 25 Jahren sammelt der Museumsverein alte kanadische Eisenbahnwaggons. Einfache Dritte-Klasse-
Waggons für die Einwanderer sind darunter, aber auch
elegante Salonwagen für die High Society der Jahrhundertwende.

*… und Dr. Watt auf dem
Weg zur Sprechstunde*

Vom Verkehrsknoten zehn Kilometer östlich von
Cranbrook zweigt der Highway 3/93 ab und folgt dem
Kootenay River nach Süden. Der Fluß beginnt sich hier
bereits wieder zu verbreitern – das Nordende eines
110 Kilometer langen Stausees, der tief in den USA am
Libby-Damm anfängt. Sein Name, **Lake Koocanusa**,
klingt zwar recht indianisch, ist aber ein grauenvolles
Kunstwort aus Kootenay, Canada und USA.

Bei **Elko** dann verläßt der Highway 3 das breite
Kootenay-Tal und beginnt seinen langen Anstieg hinauf in die Rocky Mountains. Wo zuvor noch Rinderweiden und kleine Farmen die Talsohle bedeckten, ziehen sich nun grüne, dunkle Wälder die Hänge im
schmalen Tal des Elk River hin. Zwar wurde diese
Region schon vor der Jahrhundertwende von Prospek-
toren erkundet und bald auch Kohle- und Erzbergwer-
ke angelegt, doch richtig erschlossen und besiedelt ist

die Bergregion bis heute nicht. Nur in langen Abständen liegen kleine Bergwerksorte wie **Fernie** oder **Sparwood** am Wege. Früher lebten sie vom Bergbau, heute bietet der Tourismus die nahezu einzige Möglichkeit zum Überleben.

Am 1382 Meter hohen **Crowsnest Pass** ist der Grat der Rockies erreicht. Doch noch sind keine Gletscher und gewaltigen alpinen Panormen in Sicht. Der Paß ist der niedrigste Übergang über den Südteil der Bergkette in Kanada, deshalb wurde die Straße hier angelegt. Und bis heute ist der Highway 3 eine von nur vier Straßenverbindungen über die Rockies in Kanada.

Also, dies ist das Dach des Kontinents, der Grat der **Rocky Mountains**, jener rund 3000 Kilometer langen Bergkette, die von hier nach Norden bis ins Yukon Territory und nach Süden hin bis nach New Mexico in den USA reicht. Die aus Sedimentgestein urzeitlicher Meere bestehenden Rockies wurden im Tertiär vor 60 Millionen Jahren aufgefaltet, als sich die pazifische Platte unter die nordamerikanische Festlandplatte schob. Dadurch entstanden unter hohem Druck die charakteristischen parallelen Bergzüge in Nord-Süd-Richtung, wie wir sie bei der weiteren Fahrt durch die National Parks der kanadischen Rockies noch oft sehen werden. Die Feinarbeit in der Landschaftsarchitektur besorgten viel später die Gletscher der Eiszeiten. Die Seen, U-förmigen Täler und schmalen Fels-

Wildwest live: die Top of the World Ranch bei Cranbrook

grate sind anschauliche Zeugen der Hobeltätigkeit mächtiger Eisströme.

Der Crowsnest Pass markiert auch die Grenze zur nächsten Provinz: Alberta. Das Bundesland ist zwar etwas kleiner als British Columbia, aber mit rund 660 000 Quadratkilometer Fläche immer noch fast zweimal so groß wie Deutschland. Dabei leben hier nur knapp drei Millionen Menschen. Da kann der Abstand zum Nachbarn mitunter recht großzügig ausfallen. Nicht umsonst ist Alberta als das Land der riesigen Ranches und einsamen Wälder bekannt. Noch ein Wort zur Topographie: Der gesamte Osten der Provinz gehört zu den Prärien, der landschaftlich interessantere Westteil, in dem wir uns befinden, zu den Rocky Mountains.

Ein Elch im Waterton National Park

Ein erster Sightseeing-Punkt wartet gleich hinter dem Paß nahe dem Ort **Crowsnest Pass**. Zuerst kommt eine gewaltige Geröllhalde mit wie von Riesenhand verstreuten Felsblöcken, dann gleich daneben das **Frank Slide Interpretive Centre**. In den Ausstellungen des Museums wird von dem verheerenden Erdrutsch erzählt, der hier am 29. April 1903 den Bergwerksort Frank unter 90 Millionen Tonnen Gestein begrub. Dazu gibt es viele Details über das harte Leben der Kohlearbeiter um die Jahrhundertwende.

In weiten Schwüngen führt der Highway 3 vom Paß wieder talwärts auf der Ostflanke der Rockies. Der dichte, dunkle Talwald am Westhang der Berge lichtet sich zusehends. Kiefern ersetzen die Tannen und Fichten. Ein Szenenwechsel bahnt sich an: Recht abrupt enden die Berge, der Horizont weitet sich. Wir sind am Westrand der großen Prärien. Nur ein schmaler Streifen welliges Hügelland schafft einen Übergang von den 2 000er Gipfeln um den Crowsnest Pass zur völlig platten Ebene.

Das Zentrum der Region im Vorland der Berge ist **Pincher Creek**, ein typisches Präriestädtchen, das schon 1878 als Polizeiranch gegründet wurde, um die Posten der »Northwest Mounted Police« mit Fleisch zu versorgen. Bald zogen weitere Rancher nach, Händler siedelten sich an, und eine Stadt war geboren. Zu den interessantesten Siedlern gehören sicherlich die Hut-

terischen Brüder, die bei Pincher Creek eine ihrer über 100 Kolonien in Alberta unterhalten. Die Anhänger dieser 1528 von Jacob Hutter gegründeten anabaptistischen Sekte leben seit Jahrhunderten einen einfachen, religiös geprägten kommunalen Lebensstil, sprechen noch einen alten deutschen Dialekt und sind vorzügliche Farmer. Nach langen Verfolgungen aufgrund ihrer Weigerung, Militärdienst zu leisten, wanderten sie über die USA nach Kanada aus, wo heute vor allem in den Prärien rund 30 000 *Hutterites* leben.

Bei Pincher Creek zweigt der Highway 6 ab und führt parallel zu den Bergen südwärts. In stetem Rhythmus mit den welligen Hügeln steigt und fällt die Straße. Dies ist das klassische Ranchland Albertas, auf dem die fabelhaften, saftigen Steaks der Provinz ihrer Reife entgegengrasen. Östlich der Hügel beginnt fruchtbares Farmland, das durch zahlreiche Schmelzwasserstauseen am Rand der Berge bewässert wird. Schon bald sind in der Ferne dramatische steile Gipfel zu erkennen: die von Gletschern abgehobelten Zinnen des **Waterton Lakes Park**.

Der Übergang vom Hügelland in die Berge erfolgt verblüffend abrupt. Fast unmittelbar nach der Abzweigung vom Highway 6 in den Park werden die Hänge steiler, felsiger, kahler. Der erste See blinkt im abendlichen Gegenlicht. Bei der Einfahrt in den Ort **Waterton** schließt ein krönender Postkartenblick diesen Tag ab: Auf einem sanft gerundeten Hügel über dem Upper Waterton Lake thront der wie eine norwegische Stabkirche anmutende Holzpalast des Prince of Wales Hotel vor einer atemberaubenden Bergkulisse.

Ranchland am Fuß der Rockies

Waterton – Pincher Creek – Calgary (331 km)

km	Zeit	Route
0	9.00	Bootsfahrt auf dem **Upper Waterton Lake** im Waterton Lakes National Park
16	11.30	Weiterfahrt zum **Cameron Lake** oder zum **Red Rock Canyon** (hier Picknick).
	13.00	Abfahrt auf dem Hwy. 6 North nach
73	14.30	**Pincher Creek**. Weiter auf dem Hwy. 3 East, nach ca. 5 km (ab Pincher Creek) links abbiegen in die Nebenstraße Nr. 785. Nach 35 km erreicht man auf dieser guten Schotterstraße den
115	15.30	**Head-Smashed-In Buffalo Jump**.
	16.30	Weiterfahrt auf der Straße Nr. 785 bis zur Einmündung in den Hwy. 2, links (Norden) abbiegen nach
331	19.30	**Calgary**.

Abstecher: Für einen interessanten Ausflug in die Pionierzeit Albertas lohnt sich ein Besuch im **Fort Macleod Museum** (tägl. im Sommer 9–20.30 Uhr), das in den alten Holzbarracken der Mounted Police untergebracht ist.

Waterton Shoreline Cruises

℃ (403) 859-2362 (Reservierung, Info)
Fahrtzeiten: Im Hochsommer 9, 10, 13, 16 und 19 Uhr; vor dem 1. Juli 10 und 14.30 Uhr; nach Anfang Sept. 10, 13 und 16 Uhr; Fahrpreis $ 18
Bootstouren auf dem Upper Waterton Lake. Zum Fotografieren und zur Beobachtung der Tiere ist die Fahrt nach Goat Haunt in Montana besonders bei Sonnenuntergang oder am Morgen zu empfehlen.

Red Rock Canyon

Der Pfad veranschaulicht lebendig die verschiedenen geologischen Gesteins-Schichten und die Ökologie eines Canyon.

Cameron Lake

Der Akamina Parkway führt durch das landschaftlich schöne Cameron-Tal zum ca. 50 km entfernten, von hohen Bergen eingekesselten Cameron Lake (Boots- und Kanuvermietung) in fast unberührter Landschaft.

Head-Smashed-In Buffalo Jump

Im Sommer tägl. 9–20, sonst Di–So bis 17 Uhr, Eintritt 6,50 $
Von vor über 5 000 Jahren bis vor etwa 200 Jahren ein bevorzugter Platz der Blackfoot-Indianer zur Büffeljagd. Das Museum vermittelt einen hervorragenden Einblick in die Kultur und die Jagdmethoden der Indianer in der Zeit vor der Einführung von Pferden und Feuerwaffen.

Calgary	Vorwahl: ℃ 403

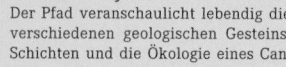

Calgary Convention & Visitors Bureau

237, 8th Ave. S.E.
Calgary, Alta. T2G 0K8
℃ 263-8510, Fax 262-3809

Marriott Plaza Hotel

110, 9th Ave. S.E.
Calgary, Alta. 12G 3A6
℃ 266-7331, Fax 262-8442
Luxushotel im Zentrum mit Swimmingpool und Passage zum Glenbow Museum.
$$$$

Palliser Hotel

133, 9th Ave. S.W.
Calgary, Alta. T2P 2M3
℃ 262-1234, Fax 260-1260
Renoviertes altes (1914) Hotel der »CPR« mit viel Atmosphäre.
$$$

Stampeder Inn

3828 Macleod Trail S.W.
Calgary, Alta. T2G 2R2
℃ 243-5531, Fax 243-6962
Gutes, sauberes Kettenhotel am Südrand der Stadt. $$

Lord Nelson Inn

1020, 8th Ave. S.W.
Calgary, Alta. T2P 1J3
℃ 269-8262, Fax 269-4868
Zentral gelegen und preiswert. $–$$

Koa Calgary West

P.O. Box 10, Site 12, SS No. 1
Calgary, Alta. T2M 4N3
℃ 288-0411
Großer Privatplatz am Westrand der Stadt nahe Olympic Park und Trans-Canada Hwy.; Waschsalon, Swimmingpool.

Mountain View Farm Campground

P.O. Box 6, Site 8, RR 6
Calgary, Alta. T2M 4L5
℃ 293–6640
Guter Campingplatz am Ostrand der Stadt nahe dem Trans-Canada Hwy.; deutschsprechendes Personal.

Hy's Steakhouse

316 4th Ave. S.W.
℃ 263-2222
Perfekte Steaks in allen Variationen; elegante Clubatmosphäre.
$$$

Buzzard's Cowboy Cuisine

140, 10th Ave. S.W.
℃ 264-6559
Gemütlich-knuffiges Westernlokal in der Innenstadt. Spezialität sind Bisonsteaks und Rippchen.
$$

Weitere Informationen zur Calgary finden Sie S. 87.

Berge und Büffel

Waterton Lakes National Park

7

Die »schönste Landschaft des Kontinents«, nannte der amerikanische Naturschützer John Muir die Rocky Mountains einmal und riet: »Wandere hier einen ganzen Sommer … Diese Zeit wird nicht von der Summe deiner Lebenstage abgezogen werden.« Extra-Lebenszeit zum Genießen der Natur, ein verlockender Gedanke.

Postkartenverdächtig: Prince of Wales Hotel im Waterton Lakes National Park

Getreu Muirs Rat sollte man heute die Bergwelt mit Muße erleben, immer wieder anhalten, aussteigen, kleine Wanderungen einlegen oder einfach am Ufer eines Sees oder Bachs sitzen und staunen. Schönes Wetter ist hier auf der trockenen Ostflanke der Berge fast garantiert.

Zum Auftakt des alpinen Tages lohnt sich eine Bootstour durch die Gebirgswelt. Eine kühle Morgenbrise streicht über den glitzernden See: Die Sicht ist traumhaft klar, und der Blick reicht weit über den **Upper Waterton Lake** nach Süden bis in die USA. Noch ist alles ruhig im Städtchen; die Wanderer und *sightseer* sitzen wohl noch bei Müsli oder Pancakes.

»All aboard!«, alle einsteigen, tönt es punkt neun Uhr von dem weiß-roten Schiffchen. Dann legt es ab und macht sich auf seinen Weg von Bucht zu Bucht rund um den Upper Waterton Lake. Für uns eine willkommene Abwechslung zu den Highways. Kein Asphaltband, kein Haus, keine Straße stören hier den Blick auf die bewaldeten Ufer, gezackten Gipfel und vielfarbigen Sedimentschichten im Gestein. Und der Kommentator weiß Interessantes über Geologie und Geschichte des Parks zu erzählen.

Alles bereit zum Paddelausflug am Cameron Lake

»Wo die Berge die Prärie treffen«, heißt zum Beispiel das Motto des **Waterton Lakes National Park**. Zwar ist hier von der Prärie nichts zu ahnen, doch die Berge linker Hand sind die allerletzte Kette der Rockies. Dahinter beginnt abrupt die Ebene. Daß die Berge hier so extrem steil enden, liegt am *lewis thrust*, einer gewaltigen Verwerfung, bei der während der Entstehung der Rocky Mountains in dieser Region eine riesige Gesteinswelle – ähnlich einer brechenden Ozeanwelle – umgekippt und sich überschlagen hat. Für die ersten Geologen war dies ein verwirrendes Rätsel, denn dadurch liegt hier in den Bergen älterer Fels über den jüngeren Gesteinen – ein paradoxes Naturereignis. Rund 50 Kilometer weit wurden so die Berge über die Prärie nach Osten geschoben, der steinerne Brecher fror sozusagen im Überschlag ein. Erst viel später kamen die Gletscher, schürften tiefe Täler und hinterließen nach der Eiszeit große Restseen wie die Waterton Lakes.

Weiter geht die Fahrt nach Süden. Ein Weißkopfseeadler hält von einem abgestorbenen Baum aus Ausschau nach seinem Frühstück; hoch oben an einem braunen Hang sind Bergschafe auszumachen. Dann kommt die internationale Grenze in Sicht, die den Waterton Park vom **Glacier National Park** in Montana trennt. Ja, trennt, denn obwohl die Parks seit 1932 zum gemeinsamen internationalen Friedenspark beider Staaten erklärt wurden, wird die Grenze immer noch markiert. Und markiert heißt in diesem Fall, daß ein sechs Meter breiter Streifen exakt am 49. Breitengrad auf voller Länge der Grenze abgeholzt werden muß. Draußen in den Prärien reicht es, wenn gemäht wird, aber hier in den Bergen rücken die Grenztruppen mit Helikoptern und Motorsägen an.

Zwischenmenschlich ist die Völkerverständigung schon weiter gediehen: Die amerikanischen Rangers (in Kanada heißen die Parkaufseher *wardens*) von **Goat Haunt** in Montana kontrollieren nicht die Pässe, sondern empfangen uns mit herzlichem Willkommen. Nach kurzem Beinevertreten und Abschied von den Wanderern, die hier zu ihrer Tour durch den Nationalpark aufbrechen, tuckert das Schiff dann am Ostufer des Sees wieder zurück.

Waterton Lakes National Park

Größe: 525 km²

Gründungsjahr: 1895

Lage: in den Rocky Mountains im äußersten Südwesten der Provinz Alberta

Sehenswürdigkeiten: Seenkette der Waterton Lakes in spektakulärer Hochgebirgslandschaft, Chalet-Hotel Prince of Wales; Büffelgehege (Bison Paddocks)

Einrichtungen: Information Centre, Unterkünfte und Restaurants im Ort Waterton; Bootstouren; Bootsvermietung am Cameron Lake

Info-Adresse: Superintendent, Waterton Lakes National Park, Waterton Park, Alta. T0K 2M0, ✆ (403) 859-2224

Besuch am Parkplatz: Streifenhörnchen

Head-Smashed-In Buffalo Jump: Museum und Freigelände

Auf dem Rückweg bietet sich noch einmal ein herrlicher Blick auf das historische **Prince of Wales Hotel**, das majestätisch auf einer hohen Endmoräne über dem See herrscht. Genau an der Stelle des Hotels sollte 1910 ein hoher Staudamm gebaut werden, um die Felder draußen in der Prärie ganzjährig zu bewässern. Eine Vorstellung, die heute in diesem grandiosen Gletschertal sämtliche Naturliebhaber auf die Barrikaden treiben würde. Damals hatten aber sogar so einflußreiche Naturschützer wie der legendäre Kootenai Brown, der erste *warden* des jungen Nationalparks, kein Mitspracherecht in solchen Dingen. Erst als die USA Protest einlegten, weil der riesige Stausee auch einen Teil des Glacier National Park überschwemmt hätte, rückte man von dem Plan ab. Zur Freude von Millionen Besuchern seither.

Der Stausee hätte auch die flache Schotterterrasse des Cameron Creek an seiner Mündung in den Upper Waterton Lake überflutet, auf der heute **Waterton** steht, der einzige Ort im Park. Es ist ein adrettes, gemütliches Städtchen, das der touristische Rummel von Banff oder Jasper noch nicht eingeholt hat. Im Saloon trifft man tatsächlich Leute, die hier leben (400 sind es etwa), und draußen auf der Straße läuft schon mal ein Bergschaf oder ein Reh vorbei. Deshalb sind die Geranienkästen an der Hauptstraße mit Drahtgitter vor unerlaubtem Äsen geschützt.

Nach einem kurzen Bummel durch das Städtchen und zu den weiß schäumenden Cameron Falls stehen zwei Abstecher zur Wahl: Paddeltour und Picknick am idyllischen **Cameron Lake** oder eine Wanderstunde im **Red Rock Canyon**, wo die Eisenablagerungen in den Sedimentschichten feurig rot rosten. Ehe man dann den Park verläßt, gehört in jedem Fall noch ein Stopp an den **Bison Paddocks** ins Programm. In einem umzäunten Gehege grast dort friedlich eine kleine Herde Präriebüffel – letzte Nachfahren der Millionen Büffel Amerikas, unter deren Hufen einst der Kontinent erzitterte. Neuerdings werden die zotteligen Urviecher auch auf einigen privaten Ranches gezüchtet; ihr mageres, würziges Fleisch liegt im Gesundheitstrend, und in einigen Lokalen werden schon *buffalo burger* angeboten.

Am Nachmittag heißt es dann wieder Abschied nehmen von der Bergwelt. Die Rückfahrt nach Norden führt wieder durch das Ranchland bis **Pincher Creek** und von dort auf dem Highway 3 hinaus in die Prärie. Im Tal des Oldman River bringt uns dann eine staubige Schotterstraße zum **Head-Smashed-In Buffalo Jump**, einem einzigartigen völkerkundlichen und kulturhistorischen Zentrum, das der Lebensweise der Blackfoot-Indianer gewidmet ist.

Museum und Freigelände liegen an einem Steilhang inmitten sanft welliger, grasbewachsener Hügel. Der Name beschreibt sehr genau, worum es hier ging: ein Platz, wo Büffel springen und sich den Kopf einschlagen. Seit Jahrtausenden kamen prähistorische Jägervölker und später auch die Blackfoot hierher, um Herden von Büffeln über die Klippe zu treiben und so ihren Lebensunterhalt für den Winter zu sichern.

Rund 60 Millionen Büffel lebten vor der Ankunft der Weißen in den Prärien Nordamerikas. Große Herden kamen alljährlich im Herbst auch in diese Region, wo sie die Indianer hier und an ähnlichen Steilklippen erwarteten. Von der Aussichtsplattform am oberen Rand des Abhangs (per Aufzug durch das Museum zugänglich) wird das ausgeklügelte Jagdsystem begreifbar: Zog eine Herde westlich des *jump* vorüber,

Farbenspiel im Waterton Lakes National Park

Parade der berittenen Polizei in Fort Macleod

so versuchten einige mit Büffelhäuten getarnte Jäger, die Leitkühe in Richtung Abhang zu locken. Dort warteten bereits Treiber, und durch lange Reihen von Steinmännchen wurden die Tiere wie in einem Trichter auf die Klippe zugelenkt. Kurz vor dem Abhang brachten weitere Treiber die Herde dann ins Laufen, feuerten sie immer mehr an und jagten sie schließlich in den Abgrund. Unten wurden sie sogleich geschlachtet und zerlegt, und in den nahen Camps trockneten die Frauen das Fleisch und verarbeiteten es zu *pemican*, konserviertes, in ledernen Behältern gelagertes Büffelfleisch. Der Vorrat für den langen, kalten Winter war gesichert.

Erst mit der Einführung des Pferdes im 18. Jahrhundert gaben die Blackfoot diese Jagdmethode auf. Die Archäologen fanden eine über zehn Meter dicke Schicht von Ablagerungen, Knochen, Pfeile und Speerspitzen am Fuß des Abhangs, die nachweisen, daß dieser Jagdplatz bereits seit 5700 Jahren benutzt wurde.

Durch das angrenzende Blackfoot-Reservat führt die nun wieder geteerte Straße weiter nach Osten in die Prärie. An der Einmündung in den Highway 2 ragen wie eine Fata Morgana weit in der Ferne die Weizensilos an der Bahnstation von **Fort Macleod** in den tiefblauen Himmel. Die Stadt wurde 1874 als erstes Fort der »Northwest Mounted Police« im Westen Kanadas gegründet. Der alte Posten ist heute wieder originalgetreu aufgebaut, und während des Sommers reiten Studenten in den typischen knallroten Uniformen der historischen Truppe auf dem Exerzierplatz Parade.

Wir biegen nach Norden ab, gen Calgary. Jetzt beweist die *cruise control* ihre Vorzüge, jener magische Knopf am Steuerrad, der die Geschwindigkeit genau bei den erlaubten 100 Stundenkilometern einstellt. Gelassen schwebt man über den Highway, die Beine bleiben frei zum Taktstampfen zu den Rhythmen der Country & Western-Musik im Radio. Nur steuern muß man auch, aber was heißt steuern: Schnurgerade schneidet der Highway durch das Schachbrettmuster der Felder und Farmstraßen in der brettebenen Prärie. Höchstens alle 20 Kilometer mal ein Knick.

Schließlich werden die Strommasten dichter, und **Calgary** empfängt uns.

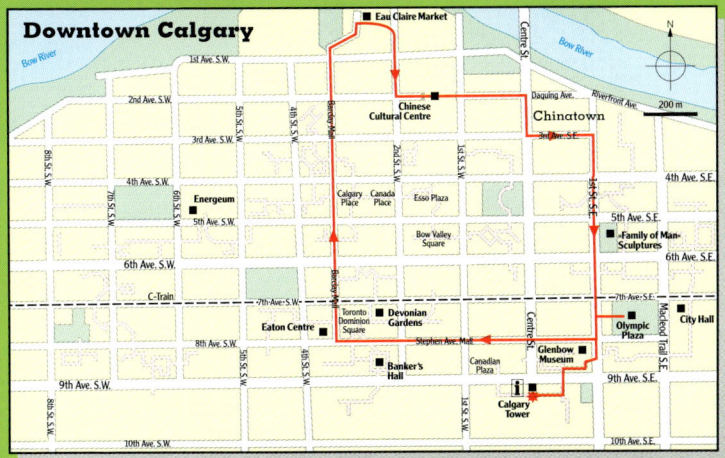

Vormittag Fahrt auf den **Calgary Tower**, Besuch des **Glenbow Museum** (ca. 1¹/₂ Std.) und der **Olympic Plaza**. Spaziergang auf der **Stephen Avenue Mall** (8th Ave.) und über die **Plus 15 Skywalks** zu den Shopping Centres im Toronto Dominion Square mit den **Devonian Gardens** und im Calgary Eaton Centre. Mittagspause an der 8th Ave. oder in einer der Malls.

Nachmittag Auf der **Barclay Mall** (3rd St.) nach Norden zum **Eau Claire Market**. Von dort zum **Chinese Cultural Centre** und auf der Daquing Ave. durch **Chinatown**. Auf der 1st St. S.E. zurück zur **Olympic Plaza.**

ROUTE 8 **Informationen: Calgary** Vorwahl: ✆ 403

Calgary Tower
9th Ave. S.E. & Centre St.
Tägl. 7.30–23 Uhr, Eintritt $ 5.50
Aussichtsplattform und Dreh-Restaurant (auch zum Frühstück). Info-Kiosk des Fremdenverkehrsamtes im Fuß des Turms.

Glenbow Museum
130, 9th Ave. S.E. & 1st St.
Im Sommer tägl. 9–17 Uhr, Eintritt $ 8
Ausstellung von Eskimo- und Indianer-

kunst; Exponate aus der Geschichte West-Kanadas; guter Museumsladen.

Plus 15 Skywalks
9th Ave.

Auf einer Gesamtlänge von mehr als 4 km und in 5 m Höhe kann man über gläserne Brücken von Gebäude zu Gebäude und von Shopping Mall zu Shopping Mall gehen, ohne je ins Freie zu müssen. Im ebenfalls über den Skywalk erreichbaren **Toronto Dominion Square** befinden sich

Calgary: Blick vom Princes Island Park auf Eau Claire Market und Downtown

im 4. Stock die **Devonian Gardens**, ein 10 000 m2 großes tropisches Paradies mit Pools, Bächen und über 15 000 Pflanzen.

 Alberta Boot
614, 10th Ave. S.W.
ℰ 263-4623
Cowboystiefel in allen Variationen, Westernschmuck und -kleidung.

 Lammle's Western Wear
8th Ave./Eaton Centre
Hier findet man alles um als schmucker Cowboy aufzutreten.

 Eau Claire Market
 200 Barclay Parade S.W.
Zweistöckige Shopping Mall am Flußufer mit Läden, Obstständen und mehreren Restaurants.

 Heritage Park Historical Village
1900 Heritage Dr. S.W.
 ℰ 259-1900
Im Sommer Mo–Fr 9–17, Sa/So bis 18 Uhr, Eintritt $ 9.95
Großes Museumsdorf der Pioniergeschichte mit einem Fort der »Hudson's Bay Company«; Rundfahrten mit einer Dampfeisenbahn und dem alten Raddampfer »S.S. Moyie«.

 Fort Calgary Historic Park
750, 9th Ave. S.E.
Tägl. 9–17 Uhr, Eintritt $ 5
 Die Reste des Forts von 1875; im Besucherzentrum wechselnde Ausstellungen zur Stadtgeschichte.

 La Chaumiere
121, 7th Ave. S.E.
ℰ 228-5690 (Reservierungen)
Sehr gutes französisches Restaurant. Elegant gekleidete Gäste; Reservierung notwendig. $$$

 Mescalero
1315, 1st St. S.W.
ℰ 266-3339
Legeres Lokal mit gut gewürzter amerikanischer Southwest-Cuisine. $$

 Mother Tucker's
345, 10 Ave. S.W.
ℰ 262-5541
Deftige Western-Küche mit Steaks und riesiger Salatbar; rustikales Ambiente. $$

 Ercole Ristorante Italiano
202, 16th Ave. N.E.
ℰ 230-4447
Mamma Ericas Küche wurde mehrfach ausgezeichnet. $$

 The Keg
7104 Macleod Trail S.
ℰ 253-01100
Ausgezeichnetes Western-Restaurant mit guten Steaks und Super-Margaritas. $$

 Ranchman's
9615 Macleod Trail S.
ℰ 253-1100
Die berühmteste Western-Bar der Cowboy-Provinz.

 Electric Avenue
An der 11th Ave. S.W., etwa zwischen
 5th und 10th St. S.W., spielt sich das Nachtleben der jungen Szene ab: zahlreiche Bars, Discos und Szenekneipen.

Feste:

Das größte Fest der Stadt ist die traditionelle **Calgary Stampede**, das weltgrößte Rodeo, jeweils Anfang Juli. Aber auch während der übrigen Sommermonate finden in den kleineren Orten und Indianerreservaten um Calgary häufig **Rodeos** oder indianische **Powwows** statt – eine kurze Anfrage im Visitors Bureau (s. S. 80) kann nicht schaden.

Calgary

Von der Cowtown zur Oil-City

Wer Alberta sucht, wo seine Kontraste am deutlichsten zutage treten, kommt an **Calgary** nicht vorbei. Hier stoßen die letzten Vorberge der Rocky Mountains auf die völlig flache Prärie, trifft die Westerngeschichte auf das Ölzeitalter, überschatten die glitzernden Glaspaläste der Banken und Energiekonzerne die putzigen viktorianischen Holzhäuschen aus der Gründerzeit und kann der braungebrannte Rancher ebenso seine Heugabel kaufen wie der stetsontragende Ölprinz seine Rolex-Uhr. Calgary ist das

Saddledome vor der Skyline von Calgary

kräftig pochende wirtschaftliche und kulturelle Herz der Provinz. Zumindest ist es das für Südalberta – seit 100 Jahren steht die Stadt im freundschaftlichen Wettstreit mit dem für den riesigen Norden der Provinz ebenso bedeutenden Edmonton. Für den Besucher ist Calgary eine willkommene urbane Abwechslung nach den Tagen in der einsamen grünen Bergnatur.

Howdy Partner! schreien die meterhohen roten Lettern vom Schaufenster eines Autohändlers an der Einfallstraße. Die vielbenutzte, wohl vom Kautabak- oder Kaugummikauen abgeschliffene Abkürzung des britisch-steifen »How do you do« paßt ins Western-Image der Stadt. Denn trotz Ölboom und städtischem Schliff pflegt Calgary seinen historischen Ruf als Mittelpunkt des Ranchlandes, als gastfreundliche, liebenswerte Cowtown des *Old West.* Am deutlichsten zeigt sich dies zu Anfang Juli, wenn Rodeoreiter und Westernfans aus aller Herren Länder zur »Stampede« kommen, dem größten Rodeo der Welt.

Beginnen wir den heutigen Stadttag mit einem Überblick vom knapp 200 Meter hohen **Calgary Tower.** Bei Spiegeleiern und Pfannkuchen, die hier in Calgary *flap-jacks* heißen, ziehen vor den Fenstern des gemächlich rotierenden Restaurants Stadt und Land vorüber. Im Osten dehnen sich unter dem meist stahlblauen Himmel die topfebenen Weizenfelder auf der einstigen Prärie, im Westen funkeln die Schneegipfel der Rockies wie eine Perlenschnur am Horizont.

Doch zurück zur Stadt: Direkt westlich und nördlich unseres Ausgucks sprießen die Bürotürme der **Downtown,** breite, satte Giganten des Wohlstands in der ölreichen Provinz. Auffälligster Höhepunkt der Skyline ist – nur drei Straßen westlich des Calgary Tower – die postmodern gestylte **Banker's Hall** mit der Glaspyramide an der Spitze. Dahinter beginnt der aus den Rockies kommende Bow River seine Schleife um die Innenstadt.

Im Nordosten, wo der Fluß die Downtown wieder verläßt, sind winzig die Blockhütten des rekonstruierten **Fort Calgary** zu erkennen. Dort schlug 1875 die Geburtsstunde der Stadt. Skrupellose amerikanische Whiskyhändler drangen damals von Montana her in das britische Territorium ein und tauschten von den Indianern Büffelhäute gegen Feuerwasser ein. Die Ordnungshüter der gerade gegründeten »Northwest Mounted Police« mußten Abhilfe schaffen. Von Fort Macleod aus errichteten die *mounties* am Südufer des Bow River einen Posten, den der schottische Befehlshaber »Calgary« benannte, nach dem gälischen Wort für »Farm am Ufer«.

Die nächsten Jahre blieben noch ruhig, nur ein Handelsposten der »Hudson's Bay Company« kam zur kleinen Siedlung dazu. Doch dann, 1883, begann der erste von vielen Booms, die 100 Jahre lang das Wachstum von Calgary nicht mehr abreißen ließen. In jenem Jahr rollte der erste Zug der »CPR« von Winnipeg kommend in Calgary ein. Nun war der Anschluß zu den Absatzmärkten im Osten gesichert, konnten in den Vorbergen der Rockies riesige Rinderranches entstehen und konnte Calgary zum Transport- und Versorgungszentrum Südalbertas werden. Bis zum Siegeszug des Automobils nach dem Zweiten Weltkrieg dominierte die Eisenbahn den Verkehr von Calgary. Die breite Schneise der Geleise durchschneidet die Stadt bis heute schnurgerade von Ost nach West. Der Bahnhof liegt direkt zu Füßen des Calgary Tower – schon seit Jahren fahren allerdings nur noch Fracht- und Ausflugszüge hier ab.

Skulpturengruppe »The Family of Man« in Calgary

Der nächste Boom für Calgary kam zu Anfang dieses Jahrhunderts. Eine gewaltige Einwanderungswelle schwappte über die Prärien, Calgary als nun schon etablierte Versorgungsstadt wuchs entsprechend: von 4 000 Einwohnern im Jahr 1901 auf mehr als 40 000 im Jahr 1911 ! Als bei Turner Valley einige Kilometer südwestlich der Stadt Öl entdeckt wurde, hob 1914 der nächste Boom an. Die Cowtown der Rancher verwandelte sich in die schwerreiche Ölhauptstadt Kanadas. Besonders die 60er und 70er Jahre sahen

Calgary im ununterbrochenen Bauwahn und Bevölkerungsboom. Heute liegen die meisten Ölquellen zwar im Norden Albertas, aber geforscht und verwaltet wird nach wie vor von Calgary aus – mit allen Dallas-Intrigen, die dazugehören.

Erst die Rezession und die sinkenden Ölpreise der 80er Jahre dämpften die Expansion. Doch da war schon das nächste Großereignis in Sicht: die Winterolympiade 1988 mit programmiertem Tourismusboom. Im **Stampede Park**, dem Schauplatz des alljährlichen Rodeos (vom Calgary Tower aus gen Südosten), leisteten sich die *Calgarians* hierzu ein neues Wahrzeichen, das **Saddledome-Eissportstadion**.

Revier zum Shoppen und Flanieren: die Stephen Avenue Mall

Genug des Überblicks, runter vom Turm und hinein in die Straßenschluchten der Downtown. Erster und sehr lohnender Sightseeing-Punkt ist das **Glenbow Museum**, mithin die beste Ausstellung über

Kultur und Geschichte des Westens. Tipis, Jagdgerät und Schmuck aus Stachelschweinborsten von Prärieindianern sind hier ebenso zu finden wie Kochtöpfe der ersten weißen Siedler oder Uniformen der kanadischen Infanterie im Ersten Weltkrieg. Alles in allem drei Stockwerke, die es in sich haben.

Für Fußgänger liegt die zentrale Achse der Stadt gleich nördlich des Museums: die **8th Avenue**, besser bekannt als **Stephen Avenue Mall**. Am Ostende der begrünten Shopping-Straße bekamen im Februar 1988 die siegreichen Athleten der Winterolympiade auf der Olympic Plaza ihre Medaillen verabreicht. Die Kulissen dazu, eine etwas deplaziert wirkende Reihe griechisch-römischer »Freistilsäulen«, kann man bis heute bewundern. Gleich dahinter erheben sich zwei weitere architektonische Akzente des Stadtbildes: der ehrwürdige Steinbau der **City Hall** und direkt daneben das protzige **Civic Centre** - in modernster Glasbauweise, versteht sich.

Zurück nach Westen auf der Stephen Avenue Mall, die im warmen Sommerlicht ein buntes Völkchen von Flaneuren, Straßenmusikern und Bretzel-Verkäufern anzieht. Das Straßenbild verändert sich etwas ab der 2nd Street: Hier sind die Restaurants und Geschäfte nach innen verlagert, in die unteren Stockwerke der himmelhohen Bürotürme. Und das aus gutem Grund, denn sonniges Freiluft-Shopping ist den *Calgarians* nur im kurzen Frühjahr und Herbst vergönnt. Im Hochsommer lastet brütende Hitze über der Stadt, im langen Winter heult schneidend kalter Wind aus dem Norden durch die Straßen.

Als lockende Schutzzonen vor den Elementen hat sich Calgary ein Labyrinth von Einkaufsgalerien geschaffen, die durch ein über vier Kilometer langes Netz von gläsernen Röhren 15 Fuß über den Stadtstraßen miteinander verbunden sind - die **Plus 15 Skywalks**. Im Toronto Dominion Square oder der Banker's Hall zum Beispiel läßt es sich so - im Sommer klimagekühlt, im Winter angenehm durchwärmt - in eleganten Marmorhallen spazieren, und man kann die halbe Innenstadt trockenen Fußes durchqueren. Kleine Fluchten für die Städter wie für die wettergeplagten Farmer aus der Umgebung. Im

Blick vom Calgary Tower auf Downtown Calgary ▷

93

Toronto Dominion Square wurde sogar noch eins draufgesetzt – nämlich ein großer botanischer Garten im vierten Obergeschoß, die **Devonian Gardens**.

Vorbei an Banktürmen und einigen Nobelhotels für die Ölmanager geht es dann auf der Barclay Mall nordwärts zum umgrünten Ufer des Bow River und zum **Eau Claire Market**, der jüngsten und hübschesten Shopping-Galerie der Stadt. Zwei Straßen weiter östlich beginnt die kleine **Chinatown** Calgarys, die wie auch die Chinesenansiedlungen in vielen anderen Städten des Westens auf die Zeit des Bahnbaus zurückgeht – die damals zum Schienenlegen »importierten« Kulis hatten oft kein Geld für die Rückkehr in die Heimat. So blieben sie im Land und eröffneten Wäschereien und Restaurants. Neuestes Schmuckstück des Chinaviertels ist das **Chinese Cultural Centre**, das mit seinem blauen Runddach dem Himmelstempel in Bejing nachempfunden wurde. In der reich geschmückten Innenhalle des Baus werden Ausstellungen zur chinesischen Kultur gezeigt.

Den restlichen Nachmittag kann man dann selbst auf Entdeckungs- oder Shopping-Tour gehen. Zunächst in der winzigen Chinatown um Centre Street und Daquing Avenue und danach vorüber an den Skulpturen der »Family of Man« an der 1st Street wieder im Viertel um die Stephen Avenue Mall. Ein saftiges Steak bringt am Abend dann neue Energie, um das Nachtleben durchzustehen, denn die Cowboy-Bars von Calgary fordern die letzten Schweißtropfen des ungeübten Besuchers – immer unterstützt vom freundlichen »*Howdy Partner!*« der stetson- und stiefeltragenden Mittänzer.

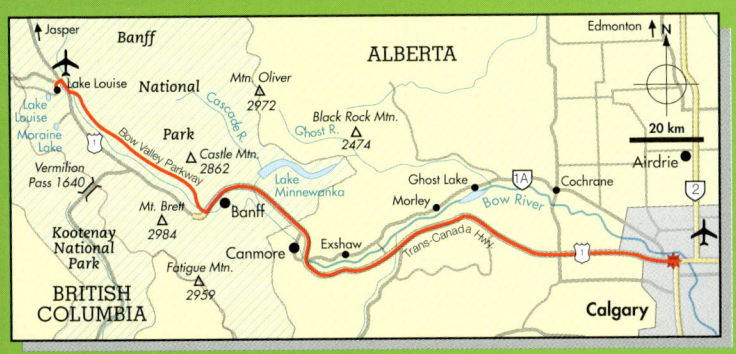

ROUTE 9

Calgary – Banff/Lake Louise
(127/192 km)

km	Zeit	Route
0	9.00	Abfahrt in **Calgary** auf dem Hwy. 1 West nach
127	10.30	**Banff**; Bummel auf der Banff Ave. und Besuch im Information Centre (eventuell Campingplatz reservieren) sowie im **Luxton Museum** (alternativ: **Banff Park Museum**). Nach dem Lunch Besuch im **Cave & Basin Centennial Centre**, danach Seilbahnfahrt auf den **Sulphur Mountain** und eventuell Baden in den **Upper Hot Springs**.
Abends		1–2 Std. vor Sonnenuntergang Abfahrt von Banff über den Trans-Canada Highway West (Hwy. 1) auf
134		den **Bow Valley Parkway** (Hwy. 1 A) abbiegen, weiter bis
192		**Lake Louise**.

Hinweis: Die Unterkünfte und Campgrounds im Park sind während der Hochsaison oft bereits mittags ausgebucht. Ohne feste Reservierung empfiehlt es sich, gleich vormittags in Banff zu suchen oder direkt nach Lake Louise weiterzufahren und das Tagesprogramm dann in umgekehrter Richtung mit dem Bow Valley Pkwy. zu beginnen.

ROUTE 9 Informationen

Vorwahl: ℂ 403

Canada Olympic Park
Am Hwy. 1, westlich der Stadtgrenze von Calgary (Ausfahrt Bow Fort Rd.)
ℂ 286-2632
Eintritt $ 10

Skisprungschanze, Bob- und Rodelbahnen der Winterolympiade 1988; große »Olympic Hall of Fame« mit Ausstellungen zu den Spielen und einem Bob-Simulator.

Banff Townsite

 Banff Information Centre
224 Banff Ave.
Anfang Juni–Sept. tägl. 8–20 Uhr, sonst
tägl. 9–17 Uhr
✆ 762-1550
Gemeinsames Auskunftsbüro des Nationalparks und der Stadt; Infos über Ausritte, Wanderungen und Unterkünfte.

 Banff Caribou Lodge
P.O. Box 279, 521 Banff Ave.
Banff Townsite, Alta. TOL 0CO
✆ 762-5887, Fax 762-5918
Angenehmes, modernes Hotel im Ortszentrum; sehr beliebtes Steak-Restau-
rant »The Keg« im Haus. $$$–$$$$

 Banff Park Lodge
222 Lynx St.
Banff Townsite, Alta. TOL 0CO
✆ 762-4433, Fax 762-3553
Luxuriöses Hotel zwei Blocks von der
Downtown; ruhige Lage. $$$–$$$$

 Homestead Inn
218 Lynx St.
Banff Townsite, Alta. TOL 0CO
✆ 762-4471, Fax 762-8877
In einer Seitenstraße, aber zentral gele-
gen. $$

 Luxton Museum
1 Birch Ave. (hinter der Bow-River-
Brücke scharf rechts abbiegen)
 ✆ 762-2388, Eintritt $ 5
Im Sommer tägl. 9–21 Uhr, sonst tägl.
 9.30–17 Uhr
Ausstellung zum Leben und zur Kultur
der Indianer in den nördlichen Prärien
und in den Rocky Mountains. Im
Museums-Shop gibt es schöne und authentische Indianer-Handarbeiten.

 Banff Park Museum
93 Banff Ave.
✆ 762-1558, Eintritt $ 2.25
 Im Sommer tägl. 9–19 Uhr, sonst
9.30–17 Uhr
Im Nachbau eines Museums der Jahrhundertwende werden Geologie und
Naturgeschichte des Nationalparks
gezeigt.

 The Paris Restaurant
114 Banff Ave.
Tägl. 11–23 Uhr
Nettes Straßencafé zum sommerlichen
Lunch. $$

 Melissa's
218 Lynx St.
✆ 762-5511
 Tägl. 7–22 Uhr
Unkompliziertes Familien-Restaurant.
$–$$

 Cave & Basin Centennial Centre
Am Ende der Cave Ave.
✆ 762-1557, Eintritt $ 2.25
Die berühmte Höhle mit der heißen
Quelle – der Geburtsort des Banff National Park; Ausstellung zur Entwicklungs-
geschichte des Parks und zur Geologie.

 Sulphur Mountain Gondola
Mountain Ave.
✆ 762-2523, Eintritt $ 9
 Im Sommer tägl. 8.30–21 Uhr
Gondelbahn zum Panoramablick über
Banff.

 Upper Hot Springs
Mountain Ave.
✆ 762-2523, Eintritt $ 8
Mo–Fr 10–21, Sa/So bis 23 Uhr, im Winter
ab 12.30 Uhr
Großer Pool mit ca. 40 Grad Celsius
heißem Thermalwasser.

 Caboose
Lynx & Elk Sts. (im Railway Depot)
✆ 762-3622 (Reservierung)
Geöffnet ab 17 Uhr
Typisch amerikanische Speisekarte –
Steaks, Hummer, *King crabs*.
$$–$$$

 Grizzly House
207 Banff Ave.
✆ 762-4055
Geöffnet 11.30–24 Uhr
Steaks und Fondues. $$–$$$

Giorgio's Trattoria
219 Banff Ave.
✆ 762-5114
Hausgemachte Pasta und Pizza in unge-
zwungener Atmosphäre. $–$$

Bow Valley Parkway

Ruhige Straße mit vielen Aussichtspunkten. Sie führt als Hwy. 1 A parallel zum Hwy. 1 durch das Tal des Bow River von Banff nach Lake Louise. Oft sieht man Rehe, Hirsche, Bighorn-Schafe und Kojoten.

Lake Louise

The Post Hotel

Lake Louise Village, Alta. TOL 1EO
✆ 522-3989, Fax 522-3966

Kleines, sehr gepflegtes und elegantes Hotel im Village mit Bar und Hallenbad ($$$$). Das Restaurant des Hauses ist bekannt für ausgezeichnete Küche: Lamm und Lachs sind sehr lecker ($$–$$$).

Deer Lodge

Lake Louise Dr.
Lake Louise Village, Alta. TOL 1EO
✆ 522-3991, Fax 522-3883
Sehr angenehmes kleineres Hotel, 3 Min. Fußweg zum See. $$$

Banff: Der Park unterhält mehrere große Campgrounds an der Tunnel Mountain Rd. Falls diese belegt sind, nennt das Banff Information Centre Ausweichplätze (s. S. 96). ~ **Lake Louise:** Ein großer Campground befindet sich am Südrand von Lake Louise Village (Zufahrt von der Fairview Rd.). Ist dieser besetzt, nennt das Information Centre im Village Ausweichplätze (s. S. 106).

Marble Canyon Campground

Kootenay National Park
12 km westlich des Hwy. 1, am Hwy. 93
Der kleine Campingplatz am Vermilion Pass ist noch halbwegs ein Geheimtip und hat auch im Hochsommer häufig noch Stellplätze; Wanderweg im Canyon nahebei.

Für den Abend:

Wer für die Nacht nach Lake Louise weiterfährt, sollte trotzdem vielleicht schon **in Banff zu Abend essen**. Zwar haben fast alle Hotels in Lake Louise eigene Restaurants, doch abgesehen vom (ausgezeichneten) Post Hotel ist keine besondere Cuisine zu erwarten. In Banff ist die Auswahl größer, und im Sommer kann man in der Stunde vor Sonnenuntergang, also etwa um 9 Uhr, noch zum (reservierten) Hotel in Lake Louise weiterfahren. Dann ist weniger Verkehr, und mit etwas Glück sieht man noch einige Tiere am Wegesrand.

Tradition im Schottenrock: Portier im Banff Springs Hotel

9

»Zum Wohle, Vorteil und Vergnügen der Bevölkerung ...«

Im Banff National Park

Ein Tag in der City, im platten Land des südlichen Alberta, ist gut – aber auch genug. Schließlich locken am Horizont die schimmernden Gipfel der Rockies, und die kommenden Tage in den Nationalparks Banff, Yoho und Jasper versprechen bei – toi, toi, toi – gutem Wetter, landschaftlich die krönenden Höhepunkte unserer Rundreise zu bringen. Der Trans-Canada Highway führt uns, mit Country-Tönen im Radio und der glasverspiegelten Skyline von Calgary im Rückfenster, westwärts ins »Herz der Rockies«.

Sportfans sollten noch einen kurzen Pflichtstopp am Stadtrand einlegen: der **Canada Olympic Park**. Schon

Peyto Lake im Banff National Park

aus der Ferne ist der 90 Meter hohe Turm der Skisprungschanze zu sehen. Dahinter windet sich die Betonröhre der Bobbahn den kleinen Hang im Urstromtal des Bow River herab. Da Calgary selbst keine Berge bietet, wurden 1988 nur die »Flachlandwintersportarten« in der Stadt ausgetragen; die Wettkämpfe in Skiabfahrten und nordischen Disziplinen der XV. Winterolympiade lagerte man in die Rockies aus.

Auf dem Trans-Canada Highway geht es vierspurig weiter nach Westen. Von den Kuppen der sanften Hügel, über die der Highway geradewegs auf die Berge zielt, scheinen die bis weit in den Sommer noch schneebedeckten Gipfel manchmal wie zum Greifen nahe. Wenn sich dann noch ein weißer Wolkenbogen filigran über den Himmel spannt, ist alles klar: der berüchtigte Chinook-Wind, seit der Olympiade weltbekannt, schlägt wieder mal zu. Der Chinook ist für Calgary, was der Föhn für München: ein warmer, trockener Fallwind, der vor allem im Winter über das Vorland der Berge herfällt, den Schnee wegleckt, das Thermometer hochjagt und manchmal sogar im Januar die Bäume zum Austreiben bringt. Den Rekord hält bisher Pincher Creek: am 27. Januar 1962 stieg dort die Temperatur innerhalb einer Stunde von minus 29 Grad Celsius auf plus drei!

Westlich von Calgary läßt die Besiedelung schnell nach. Dies ist wieder *foothills country*, welliges Ranchland, wo einst die Prärieindianer Büffel jagten und später große Rinderherden den Wohlstand der weißen Siedler begründeten. Die Nachkommen der ehemals nomadischen und stolz-kriegerischen Indianer leben heute friedlich im Reservat am Ufer des **Bow River** und spielen nur noch manchmal »wilde Rothäute« als Komparsen in einem Westernfilm.

Aber auch die große Zeit der Pionierrancher ist vorüber. Die riesigen Ländereien der Großranches werden nun per Computer und Helikopter überwacht. Die kleineren, nicht mehr rentablen Höfe fallen oft an neureiche Städter, die sich aus Nostalgie und Hobby eine Pferderanch fürs Weekend wünschen. Andere Ranches wurden zu Ferienbetrieben umfunktioniert – zum rustikalen Reiturlaub für City-Cowboys vor der Westernkulisse der Felsenberge.

Banff National Park

Größe: 6 641 km²

Gründungsjahr:
1885

Lage: in den zentralen
Rocky Mountains
Albertas, ca. 2 Fahr-
stunden von Calgary

Sehenswürdigkeiten:
grandiose Hochge-
birgslandschaft um
das Tal des Bow River;
Bergseen Lake Louise
und Moraine Lake;
Panoramastraße Ice-
fields Parkway nach
Jasper; heiße Quellen
im Ort Banff; mehr als
1 300 km Wanderwege

Einrichtungen:
Visitor Centres, Unter-
künfte, Restaurants in
Ort Banff und in Lake
Louise; weitere Cam-
pingplätze am Icefields
Parkway; Gondelbahn
zum Sulphur Moun-
tain; Badehaus an den
heißen Quellen; Boots-
touren auf dem Lake
Minnewanka

Info-Adresse:
Superintendent, Banff
National Park, P.O. Box
900, Banff, Alta. T0L
0C0, ℂ (403) 762-1550

Moderne Zeiten, die vor allem auch durch die Indu-
strialisierung von Bodenschatzabbau und Landwirtschaft in Alberta geprägt sind. Doch gerade der Ölreich-
tum hat der Provinz auch neue Naturschutzgebiete und
Ferienziele beschert. Bereits 1976 wurde per Gesetz
beschlossen, daß ein Teil der immensen Einnahmen
aus der Ölförderung in einer Kapitalstiftung für die
Zukunft der Provinz angelegt werden sollte. Im
Kananaskis Country beispielsweise, am Osthang der
Rocky Mountains, werden die Petrodollar eingesetzt:
für Rad- und Wanderwege durch die Berglandschaft, für
Golfplätze oder andere touristische Infrastruktur und
für den Unterhalt des **Peter Lougheed Provincial
Park**. Am Nordrand dieser Ferienregion liegt auch
Mount Allan, der olympische Skiberg.

Bei **Canmore**, dem Austragungsort der nordischen
Disziplinen während der Olympiade, türmen sich bereits
die östlichsten Bergketten der Rocky Mountains über
dem kleinen Ort. Schon in den ersten Steilabbrüchen ist
deutlich die Schichtung der alten Sedimentgesteine zu
erkennen, die vom Grund eines urzeitlichen Meeres
durch ungeheuren Druck zum Gebirge aufgeworfen
wurden. Wie riesige, schmutziggraue Eisschollen, ein-
gefroren in der Zeit, ragen die Felsplatten in den Himmel. Die Auffaltung des Gebirges begann vor 75 Millionen Jahren. Heute, nach mehreren Eiszeiten und Jahr-
millionen der Erosion durch Wetter, Frost und Flüsse,
sehen wir ein Zwischenstadium. In weiteren Jahrmillio-
nen werden die Rockies Steinchen um Steinchen wieder
abgebaut und zur langweiligen Ebene erodiert sein.
Doch noch ist es glücklicherweise nicht so weit …

Der Highway schmiegt sich enger an das Tal des
mäandernden Bow River. Einige Kilometer weiter
kommt das Willkommensschild des **Banff National
Park** in Sicht – gleich verbunden mit der Warnung vor
den Bären. Banff ist der älteste und vielleicht auch der
schönste unter den 37 Nationalparks in Kanada. Doch
der grandiosen Hochgebirgswelt im Herzen der kanadischen Rockies wird ihre nach wie vor steigende
Beliebtheit mehr und mehr zum Problem. Gut drei Millionen Besucher zählen die Wardens jedes Jahr. Weitere Erschließung oder Begrenzung der Touristenzahl
lautet die kritische Frage.

Banff lebt von und mit Extremen: Einerseits sind die Parkplätze an den türkisfarbenen Bergseen überfüllt und sind die Souvenirläden der Banff Avenue randvoll mit Kitsch. Andererseits weiden in idyllischer Ruhe die Bergschafe am Hang neben der Straße, und der Wanderer kann schon ein paar hundert Meter vom Touristenrummel auf einem weniger bekannten Pfad die Einsamkeit erleben.

Banff Avenue, die Flaniermeile von Banff

Beginnen wir unseren Parkbesuch »unten im Ort«, im Städtchen **Banff** an der Banff Avenue, die für dieses »Garmisch« in den Rockies der Dreh- und Angelpunkt ist. Läden, Restaurants und Hotels reihen sich in buntem Wirrwarr an der wuseligen Straße. Im Warenhaus der »Hudson's Bay Company« liegen die traditionellen Wolldecken und Holzfällerhemden aus, im Andenkengeschäft nebenan erhält man Holzschnitzereien von Trappern und Indianern, Silberlöffel und Aschenbecher mit Bergmotiven. Ein paar Schritte weiter können sich die Wanderer mit der neuesten Bergmode ausrüsten, daneben wird Jadeschmuck aus British Columbia feilgeboten und erlesenes Pelzwerk für die Klientel aus Japan.

Überhaupt haben sich viele Läden auf die finanzkräftigen Besucher aus dem »Land der aufgehenden Sonne« spezialisiert, die während ihrer exakt geplan-

ten Fünf-Tage-Tour durch Kanada auch ein paar Stunden in Banff zubringen. Sushi-Restaurants hängen Speisekarten in japanischen Schriftzeichen aus, in den edlen Schmuckläden bedienen japanische Verkäuferinnen, und die Souvenir-Shops signalisieren mit der japanischen Flagge: Hier gibt's Nippes für *Nippon*! Banff scheint fest in japanischer Hand.

Da die Stadt mitten im Nationalpark liegt, ist das Wachstum schon seit langem begrenzt: Außerhalb des kleinen Stadtgebietes darf sowieso nicht gebaut werden, und in der Stadt ist kein Platz mehr. Daher gibt es durchaus noch ruhige Wohnstraßen mit alten Häusern für die 5 000 ständigen Bewohner und ruhige Plätzchen am Ufer des Bow River. An der Banff Avenue dagegen wird noch gebaut – umgebaut vor allem. Mal in alpenländischem Stil, mal mit Glas, Beton und Neonröhren in postmoderner Shopping-Mall-Architektur. Kunterbunt eben.

Vor lauter Farben, Formen und emsigem Gewirr vergißt man leicht, den Blick über Schaufenster und Blumenkästen zu heben. Erst am Südende der Brücke über den Bow River, dort, wo die Gartenanlagen des Parkhauptquartiers beginnen, weitet sich das Gesichtsfeld wieder, und der Blick zurück über die Banff Avenue ver-

Badevergnügen in den Upper Hot Springs

söhnt: **Mount Norquay**, ein mächtiger Bergkoloß, thront über dem Nordende der Straße, hinter uns türmen sich die gekippten Felsschollen von **Sulphur** und **Rundle Mountain**, nach links und rechts dehnt sich die flache Talsohle des Bow Valley zwischen weiteren, bis auf 3 000 Meter reichenden Bergen. Die Stadt Banff ist nur ein winziger Teil des Nationalparks, ringsum regiert die Natur. Und so sollte man den Ort Banff auch verstehen: als Basislager für Exkursionen in die unberührte Hochgebirgswelt des Parks.

Ehe man der Stadt den Rücken kehrt, lohnt es noch, an der Geburtsstätte der kanadischen Nationalparks eine Pause an historischer Stelle einzulegen: im **Cave & Basin Centennial Centre** ein paar Fahrminuten vom Südende der Brücke über den Bow River. Hier, wo seit 1914 ein großes steinernes Badehaus steht, wurden vor gut 100 Jahren jene heißen Quellen entdeckt, die zur Keimzelle der Naturschutzgebiete Kanadas werden sollten.

Begonnen hatte alles im Herbst des Jahres 1883, als die »Canadian Pacific Railroad« quer über den Kontinent bis in die Rocky Mountains vorgerückt war. Drei Bahnarbeiter, Frank McCabe, William McCardell und dessen Bruder Tom, erkundeten die Umgebung ihres Bauabschnitts im Tal des Bow River und entdeckten eine Höhle, aus der ihnen in der kühlen Novemberluft heißer Dampf entgegenwaberte. Drinnen fanden sie eine Quelle mit heißem, schwefeligem Wasser und Tropfsteinen »wie ein phantastischer Traum aus Tausendundeiner Nacht«. Ein ideales Erholungsplätzchen für müde Bahnarbeiter!

Doch als tatsächlich bald die ersten »Badegäste« kamen, brach ein Streit mit anderen Bahnarbeitern um den Besitz der potentiell lukrativen Quellen aus. Aber die kanadische Regierung hatte eine bessere Idee: Bisher gab es erst zwei Nationalparks auf der ganzen Welt, den Yellowstone Park in den USA und einen anderen in Australien – hier in der grandiosen Berglandschaft der Rockies könnte der erste kanadische Park entstehen.

Bereits zwei Jahre nach der Entdeckung der Quelle, im November 1885, wurden 26 Quadratkilometer Land rings um den neu benannten Sulphur Mountain allen Privatansprüchen entzogen. McCabe und die McCar-

Gymnastik vor dem Frühstück: Streifenhörnchen

dell-Brüder erhielten 675 Dollar Entschädigung für die Wege, die sie gebaut hatten. 1887 folgte das offizielle Gesetz, der »Rocky Mountains Park Act«, der das ganze Tal »zum Wohle, Vorteil und Vergnügen der Bevölkerung Kanadas« als Naturpark unter Schutz stellte. Der erste Park in einer Reihe von Naturschutzgebieten, die heute weltweit als vorbildlich gelten. Mittlerweile sind es 37 Parks geworden mit einer Gesamtfläche von über 200 000 Quadratkilometern – groß genug, um ganz Österreich darin zweimal unterzubringen.

Nach einem Bummel durch die Ausstellungen im Centennial Centre geht es weiter zum ersten Blick über die Natur: am besten mit einer Gondelfahrt auf den 2 285 Meter hohen Gipfel des **Sulphur Mountain**, von dem aus sich ein herrliches Panorama über die Stadt und das Tal des Bow River bietet. Oben kann man sich auf kleinen Wegen schon mal die Beine vertreten, und wer mehr Bewegung will, kann auch zu Fuß wieder absteigen. Anschließend lockt gleich neben der Talstation das große Badebecken der **Upper Hot Springs**, in denen es sich besonders an kühlen Tagen gut im schwefelduftenden, dampfenden Wasser planschen läßt.

Zur Teatime danach bietet sich die zweite historische Attraktion Banffs an, das **Banff Springs Hotel**. Der pompöse Steinbau thront in Herrscherpose auf einer Uferterrasse über dem Bow River, dort, wo der Fluß in den schäumenden Kaskaden der Bow Falls über eine kleine Geländestufe stürzt. Die »Canadian Pacific Railroad« ließ die Nobelherberge 1886 bauen. Treibende Kraft war der Bahndirektor William van Horne. Getreu seiner Philosophie »Wenn wir die Landschaft nicht exportieren können, müssen wir die Touristen importieren«, ließ er entlang der Bahnlinie Hotels bauen. Palasthotels sollten es werden mit allem Luxus in der Wildnis.

Was dabei herauskam, kann sich zumindest im Fall des Banff Springs Hotel sehen lassen: ein massiver Prunkbau in viktorianischer Neugotik, dessen graues Mauerwork und grünspanüberzogenes Dach sich gut in die Landschaft fügen. Gekrönte Häupter, Filmstars und neureiche Industrielle waren hier zu Gast, Agatha Christie stieg hier ebenso ab wie die Königin von Siam.

Sogar Marilyn Monroe wohnte im Hotel während der Dreharbeiten zum »Fluß ohne Wiederkehr« – ebenso wie die Fernsehhündin Lassie, die wie Marilyn die Stromschnellen im Bow River befahren mußte.

Wenn das Hotel heute auch fest in der Hand von Pauschaltouristen aus Japan und den Vereinigten Staaten ist, ein Tee oder Drink in gediegener Atmosphäre und mit Blick durch die gotisch-hohen Panoramafenster ins Bow Valley lohnt allemal.

Je nach Hotelreservierung und Belegung der Campingplätze kann man nun in Banff bleiben oder hier noch Abendessen und dann nach **Lake Louise** weiterfahren. Auf dem Trans-Canada Highway, der dem Tal des Bow River nach Norden folgt, ist die Strecke schnell zu bewältigen. Als Alternativroute bietet sich der auf der Ostseite des Bow Valley verlaufende Highway 1 A an, der als **Bow Valley Parkway** beschaulich durch Kiefernwälder und Wiesen nach Lake Louise bummelt und außerdem noch mit guten Wanderwegen im **Johnston Canyon** lockt. Allerdings muß man der Fairneß halber sagen, daß die laute, vierspurige Strecke auf dem Trans-Canada Highway dennoch die schöneren Aussichten auf die im Abendlicht rötlich glühenden Zinnen des **Castle Mountain** und das Flußtal des Bow River erlaubt. Tja, die Qual der Wahl. Jedenfalls wird es morgen auf den Wanderwegen stiller und einsamer.

Füttern verboten: Der Ranger ist da streng

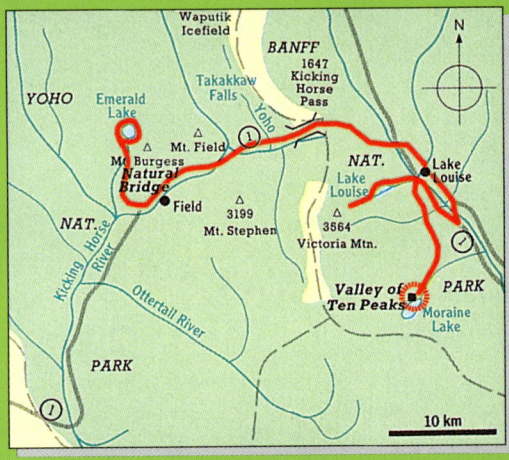

Vormittag   Spaziergang am **Lake Louise**; zurück Richtung Dorf, dann rechts in die Moraine Lake Rd. zum **Moraine Lake**. Zurück nach Lake Louise Village und auf dem Hwy. 1 West nach **Field** im **Yoho National Park**. 2,6 km hinter Field rechts ab und auf einer Seitenstraße an der **Natural Bridge** vorbei zum

Nachmittag   **Emerald Lake**. Picknick-Lunch und Wanderung um den See (5,5 km); später zurück nach **Lake Louise Village**.

ROUTE 10 Informationen

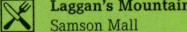

Laggan's Mountain Bakery
Samson Mall
Lake Louise Village
Beliebtes Frühstückscafé der Wanderer; gute Sandwiches fürs Mittagspicknick; geöffnet ab 7 Uhr. $-$$

Lake Louise Information Centre
Lake Louise Village
Tägl. 8–22 Uhr, im Winter 9.30–17.30 Uhr

Lake Louise
Wunderschöner blaugrüner See, Fuß des Mt. Victoria. Gute Halbtags-Pfade ringsrum, z. B. zum Agnes Lake.

Moraine Lake
Er steht dem Lake Louise an landschaftlicher Schönheit in nichts nach. Den besten Blick genießt man vom Ende des kurzen Moraine Lake Rockpile Trail (hin und zurück 800 m).

Yoho Valley Road
Die Seitenstraße führt, an mehreren Aussichtspunkten und dem Zusammenfluß von Kicking Horse und Yoho River vorbei, 13 km weit in die bemerkenswerte Landschaft des Yoho-River-Tals. Am Ende der Straße befindet sich der 384 m hohe **Takakkaw-Wasserfall**.

Das Herz der Rockies

Gletscherseen und steile Gipfel

Lake Louise – Bergjuwel, schönster Gletschersee der Rocky Mountains, »Königssee« Kanadas. Nach einer indianischen Sage ist am Grund des Sees der Regenbogen mit all seinen Farben zu Hause, und manchmal bei Sonnenaufgang strahlt er aus der Tiefe zum Betrachter empor. Die dunklen Wälder und firnschneeweißen Gipfel spiegeln sich dann im milchiggrünen Wasser, und die ersten Strahlen der Sonne lassen blitzende Lichter auf den Wellen tanzen.

Es heißt früh aufbrechen zum **Lake Louise** – je früher, desto besser. Denn der kaum zwei Kilometer lange Bergsee ist nicht nur einer der schönsten, sondern mit Sicherheit auch der beliebteste Postkartensee in den Rockies. Seitdem der erste weiße »Tourist«, der Bahnarbeiter Tom Wilson, 1882 von einem India-

Besuchermagnet
Lake Louise

ner hierher geführt wurde, haben angeblich über eine Milliarde Menschen den Ausblick hier genossen. Das scheint zwar etwas übertrieben, doch wenn man von **Lake Louise Village** aus dem Tal die Serpentinenstraße heraufklettert und die riesigen Parkplätze sieht, kommt man ins Zweifeln, ob es nicht doch stimmen könnte.

Lake Louise hat eine lange Geschichte als Kur- und Ferienort. Die »Canadian Pacific Railroad« hatte am Seeufer ähnlich wie in Banff ein kolossales Prunkhotel gebaut. Schon vor 100 Jahren wurden ganz in europäischer Manier die ersten Spazierwege angelegt und Teehäuser an den schönsten Aussichtspunkten.

Mindestens ebenso idyllisch wie Lake Louise: Moraine Lake

Aus der Schweiz importierte Bergführer geleiteten Gäste von britischem Adel zu Bergpartien. Damals wurde der See nach Louise getauft, der Tochter Queen Victorias. Ein treffender Name, denn der »Mutterberg« dahinter ist **Mount Victoria**, dessen Gletscher den See gebiert.

Doch die exklusiven, blaublütigen Zeiten sind vorbei. Über den Parkplätzen dünstet Benzingestank, das Hotel wurde mit Shopping-Galerie und Konferenzzentrum modern aufgemotzt. Nur die »manikürten« Gärten am Seeufer vor dem Hotel und die Wanderwege sind noch dieselben – und natürlich die traumhafte Landschaft von See und Bergen.

Yoho National Park

Größe: 1313 km^2

Gründungsjahr: 1886

Lage: am Westhang der zentralen Rocky Mountains in British Columbia

Sehenswürdigkeiten: Tal des Kicking Horse River mit natürlicher Felsbrücke (Natural Bridge); Spiraltunnel der transkontinentalen Eisenbahn; 384 m hoher Takakkaw-Wasserfall im Yoho Valley; Wanderweg um den Emerald Lake

Einrichtungen: Visitor Centre in Field, 5 Campingplätze sowie Hotels am Emerald Lake und in Field; Ausritte und Kanuvermietung am Emerald Lake

Info-Adresse: Superintendent, Yoho National Park, P.O. Box 99, Field, B.C. V0A 1G0, © (250) 343-6324

Auf der Weiterfahrt hoch über dem Canyon des Moraine Creek wird es gleich etwas ruhiger. Am oberen Ende der Schlucht liegt in einem Hochtal der **Moraine Lake**. Wie Zinnsoldaten stehen zehn steile Gipfel rings um das strahlend blaue Gewässer – daher auch der Name des Tals: **Valley of Ten Peaks**. Das Wasser ist überraschend klar. Der Moraine Lake ist ein Bergsee, kein Gletschersee wie der Lake Louise, in dem fein zermahlenes Gestein, *silt* genannt, eine milchige Trübung hervorruft.

Auch hier wieder Wanderwege zu den Aussichtspunkten. Wenn der Besucheransturm nicht allzugroß ist, kann man jetzt schon loswandern, ein Stück am Seeufer entlang oder weiter zum **Eiffel Lake** zum Beispiel. Sonst hebt man sich den hautnahen Kontakt mit der Natur noch etwas auf und fährt zunächst zurück ins Tal, nach Lake Louise Village.

Das »Dorf« an der transkanadischen Bahnlinie ist in den letzten Jahren kräftig gewachsen: Hotels, Restaurants und sogar ein Supermarkt für die Picknickeinkäufe. Der alpenländisch verbrämte Baustil paßt aber in die Landschaft. Nur das neue Information Centre hält nichts vom Almhaus-Look, es sieht eher aus wie ein futuristischer Luftschutzbunker. Die Ausstellung drinnen – inklusive Gletscherwind vom Tonband – macht das wett: Die Geologie der Rockies und die Entstehung des Felsengebirges durch die Kontinentalverschiebung wird anschaulich erläutert.

Von Lake Louise Village klettert der Trans-Canada Highway aus dem Bow River Valley hinauf zum Kicking Horse Pass. In 1647 Metern Höhe verläuft dort die Grenze zwischen Alberta und British Columbia, zwischen dem Banff und dem **Yoho National Park**. Hier oben ist auch die kontinentale Wasserscheide, das heißt, die Bächlein an den Hängen haben die Wahl, nach Westen zum Pazifik zu fließen oder den viel weiteren Weg zum Atlantik zu wählen. Der im Vergleich zu Banff viel kleinere Yoho Park steht seinem großen Bruder in Szenerie und Vielfalt kaum nach, ist aber weniger bekannt und weniger erschlossen.

Der Name *Yoho* bedeutet »herrlich!« in der Cree-Sprache – übrigens einer der wenigen indianischen Namen dieser Region. Denn die weißen Pioniere

benannten alles nach eigenem Gutdünken – auch
wenn ihnen die sinnvollen Namen bald ausgingen.
Moränenseen gab es schließlich viele. So tauften sie
drauflos: zuerst nach sich selbst und ihren Reisebe-
gleitern, dann nach britischen Adeligen, nach Eisen-
bahndirektoren und -finanziers oder auch nach Orten
in der alten Heimat, wie zum Beispiel Banff nach dem
schottischen Banffshire. Manchmal kamen auch Zufäl-
le ins Spiel: Der Fluß etwa, an dem wir nun ins nächste Tal absteigen, heißt ebenso wie der Paß Kicking
Horse, weil der Geologe James Hector, ein Teilnehmer
der ersten Expedition in dieses Tal, hier von einem
Packpferd bewußtlos getreten wurde. Tja, so geht das.

Beim steilen Abstieg in das Flußtal tritt die Bahnlinie wieder deutlicher ins Blickfeld. 400 Meter Höhenunterschied müssen die Züge auf nur wenigen Kilometern überwinden. Endlose Güterzüge – 100 Waggons sind nicht selten – mit sechs oder sieben knallroten Loks vorneweg stampfen fast unablässig den
Paß herauf. Früher war dieser Streckenabschnitt
extrem gefährlich, Entgleisungen und versagende
Bremsen waren an der Tagesordnung. Erst nach der
Jahrhundertwende erdachten die Bahn-Ingenieure

*Bilderbuch-See
Emerald Lake im
Yoho National Park*

ein System von Spiraltunnels, die die Strecke entschärften. Trotzdem, die steile Fahrt auf der ursprünglichen Route muß grandios gewesen sein: Manche *connaisseurs*, Kenner der Berge wie der kanadische Premierminister McDonald und seine Frau, fuhren damals diese Strecke auf dem Kuhfänger vorne an der Lok. Einfach traumhaft.

Vom Aussichtspunkt schweift der Blick über die Spiraltunnels weit ins Yoho Valley. Ganz von fern schimmert die grauweiße Fläche des **Yoho Glacier**, eine kalte Gletscherzunge aus dem riesigen Wapta-Eisfeld. In abenteuerlichen Windungen schraubt sich eine schmale Seitenstraße hinauf in dieses Tal bis zu den **Takakkaw Falls**, die im Daly Glacier entspringen. In spektakulärem Bogen tosen die Wasserfälle die Steilwand des Tals herab. Ideales Ziel für einen Abstecher am späteren Nachmittag – denn je aufgewärmter der Gletscher ist, desto mehr sprudeln die Fälle.

Wir folgen zunächst noch dem Kicking Horse River stromabwärts. Hoch über dem Highway klammern sich die Schienen der »CPR« an die schroffen Flanken des **Mount Stephen**. Am Fuß dieses Berges wurde 1886 mit einem zehn Quadratmeilen großen Schutzgebiet der Grundstock für den heutigen Nationalpark geschaffen. Allerdings durften damals noch die Blei-,

Steinerne Brücke über den Kicking Horse River im Yoho National Park

Zink- und Silbervorkommen in den Bergen ausgebeutet werden, wie die Stollenlöcher im **Mount Field** auf der gegenüberliegenden Talseite beweisen.

Im Winzlingsort **Field** wartet wieder ein Visitor Centre. Diesmal gibt es eine Fossilien-Ausstellung zu sehen, denn im Yoho National Park liegt auch eine der weltweit reichsten Fundstätten kambrischer Versteinerungen. Im Burgess-Schiefer auf der Südseite des Mount Field wurden bereits über 140 fossile Tierarten aus der Zeit vor 550 Millionen Jahren entdeckt. Während des Kambriums war diese Region der Festlandsockel der Nordamerikanischen Platte und lag unter einem flachen warmen Meer – warm, weil dieser Teil der Kontinentalscholle damals etwa auf dem 30. Breitengrad lag, also auf der Höhe des heutigen Nordmexiko! Schlammlawinen aus einem nahen Riff begruben zahlreiche Meerestiere und schlossen sie in den später zu Schiefer versteinernden Schichten ein. Während der Auffaltung der Rocky Mountains wurden dann genau diese Sedimentschichten nur gehoben und nicht durch Verwerfungen zerstört – ein Mekka der Paläontologen.

Bei Field zweigt eine Seitenstraße ab zur **Natural Bridge**, wo sich der gelb-schlammige Kicking Horse River schäumend unter mächtigen Felsbrocken hindurchzwängt. Einige Kilometer weiter endet die Straße schließlich am bergumkränzten **Emerald Lake**, dessen türkisgrünes Wasser den Namen »Smaragd« wohl verdient. Ein schönes Plätzchen zum Wandern.

Zwar herrscht auch hier um die Lodge am Südende des Sees ein reges Treiben, aber schon nach einigen hundert Metern kehrt auf dem Rundweg Stille ein. Nach Tannennadeln duftende, seidige Luft füllt den Wald. Es ist schon feuchter hier als an der Ostseite der Berge. Die Engelmann-Tannen wachsen schlanker und höher. Die Kiefern fehlen, dafür grünen dunkle *red cedars*, eine Lebensbaumart. Auch die Tierwelt fehlt nicht: Zumindest die munteren Gesellen der Erdhörnchenkolonie lassen sich blicken. Mit etwas Glück raschelt ein Stachelschwein durchs Unterholz, oder ein junger Elch stakst vorbei auf dem Weg zum Nachmittags-Snack. Falls dann auch noch ein Schwarzbär vorbeischaut, ist das Naturerlebnis komplett.

Einer der höchsten Wasserfälle Kanadas: Takakkaw Falls im Yoho Valley

Lake Louise – Jasper National Park – Jasper (284 km)

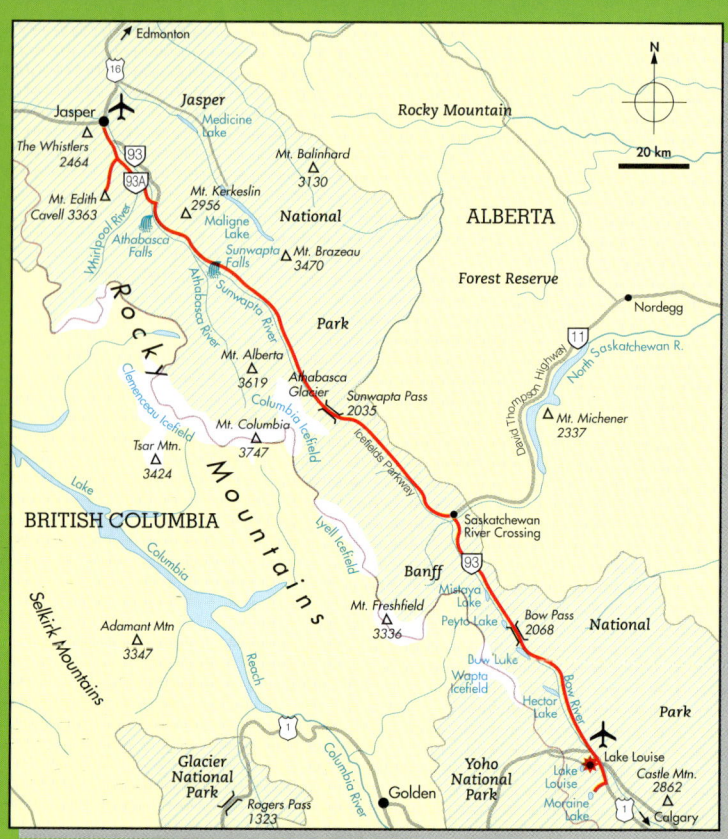

Vormittag Abfahrt von **Lake Louise Village** auf dem **Icefields Parkway** (Hwy. 93) nach Norden zum **Bow Lake Viewpoint** (ca. 30 km); nach weiteren 7 km am **Bow Summit** (Paß) links in die 500 m lange Seitenstraße zum **Peyto Lake Viewpoint** abbiegen (kurze Wanderung); weiter zum **Mistaya Canyon Trail** (kurze Wanderung von ca. 600 m in den Canyon) und zum **Howse Valley Viewpoint**. Weiterfahrt zum **Columbia Icefield** – hier Snowmobil-Tour auf den Gletscher (90 Min.) oder Wanderung am Parker Ridge Viewpoint.

Nachmittag Weiterfahrt zum **Sunwapta Gorge** und **Athabasca Valley Viewpoint** und nach ca. 19 km auf den Parkway 93 A abbiegen; nach 400 m sind die **Athabasca Falls** erreicht. Weiter zum Check-in nach **Jasper** und ca. 3 Std. vor Sonnenuntergang Aufbruch zur Fahrt auf der **Mount Edith Cavell Road** (von Jasper über den Parkway 93 A ca. 29 km).

ROUTE 11 Informationen Vorwahl: ℂ 403

Athabasca Glacier
Eine kurze Stichstraße führt zum Ende des Eisfeldes. Im Visitor Centre erhält man die Tickets für die – leider sehr touristische – Gletscher-Tour mit dem Snowmobil.

Columbia Icefield Visitor Centre
Jasper National Park

Infozentrum mit eindrucksvoller Relief-karte des Gletschergebietes und einer nachgebauten Eishöhle; Dia-Show und Tips für Wanderer. Sehr empfehlenswert sind die geführten »Athabasca Glacier Ice-walks«, die tägl. um 12.30 Uhr (Do/Sa um 11.30 Uhr) am Visitor Centre starten und 3–5 Std. dauern.

Mount Edith Cavell Road
Befahrbar Juni–Okt.
Die Straße endet nach 14,5 km am Fuß des 3 363 m hohen Mount Edith Cavell. Unterwegs ergeben sich Ausblicke auf den Astoria River und das Tonquin Valley. Gute Wandermöglichkeiten zu Cavell Lake und dem Cavell Meadows.

Jasper, Alta.

Hinweis: Hotels und Campgrounds sind besonders während der sommerlichen Hochsaison oft schon mittags voll. Es empfiehlt sich, die Hotelbuchung in Jasper so früh wie möglich vorzunehmen.

Jasper Park Lodge
Am Lac Beauvert
Jasper, Alta. T0E 1E0
ℂ 852-3301, Fax 852-5107

Weitläufige, luxuriöse Hotelanlage am Ortsrand mit eigenem See; Restaurants und Golfplatz; gehört zur Canadian-Pacific-Hotelkette. $$$$

Bonhomme Bungalows
P.O. Box 700, 100 Bonhomme St.
Jasper, Alta. T0E 1E0
ℂ 852-3209, Fax 852-3099
Ruhig gelegene *cabins* mit Küche und offenem Kamin.
$$$

Astoria Hotel
P.O. Box 1710, 404 Connaught Dr.
Jasper, Alta. T0E 1E0
ℂ 852-3351, Fax 852-5472
Gemütliches und für Jasper relativ preiswertes Hotel im Zentrum nahe dem Bahnhof. $$$

Die Campgrounds **The Whistlers** an der Whistlers Rd. und **Wapiti** am Icefields Pkwy. liegen nahe Jasper. Falls die Plätze voll besetzt sein sollten, nennt die Parkaufsicht am Eingang einen Ausweichplatz.

Tonquin Prime Rib Village
Connaught Dr. & Juniper St.
ℂ 853-4066
Gutes Steaklokal im Ortszentrum; Spezialität: *prime rib*.
$$–$$$

Mondis Ristorante
Connaught Dr .& Miette St.
ℂ 852-4070
Steaks, *ribs* und italienische Gerichte.
$$

11

Der Icefields Parkway

Traumstraße der Rockies

In der Nacht hat es geregnet. Der Himmel strahlt wie frischgeputzt, nur an den Berghängen steigen noch Nebelfetzen aus dem Wald auf. Heute liegt der **Icefields Parkway** vor uns, die berühmteste Panoramaroute Kanadas. 230 grandiose Straßenkilometer auf dem Highway 93 durch die schönsten und höchsten Regionen der Rocky Mountains – ein Leckerbissen für alle Bergfexe.

Der Athabasca Glacier am Icefields Parkway

Die 1940 nach neunjähriger Bauzeit eröffnete Alpinstrecke war ursprünglich ein Arbeitsbeschaffungsprogramm der Regierung während der *great depression*. 1962 wurde die Straße ausgebaut, zahllose Aussichtspunkte angelegt und die Höchstgeschwindigkeit auf gemächliches Sightseeing-Tempo festgelegt. Abgesehen vom ästhetischen Wert, ist die Fahrt auf dem Parkway auch ein Lehrstück in Erosionskunde: Ausgeschabte Täler und blankpolierte Felswände zeigen die Tätigkeit der Gletscher, tief ausgewaschene Canyons das Werk der Wassererosion.

Bei **Lake Louise Village** schwenkt der Trans-Canada Highway nach Westen und der Icefields Parkway beginnt seinen mäandernden Lauf nach Nordwesten. Auf der Strecke liegen linker Hand (also im Westen) die bis über 3 600 Meter hohen Main Ranges, Hauptkamm und Rückgrat der Rockies. Rechter Hand begleiten uns die niedrigeren Front Ranges, die mancherorts schon die letzte Bergkette vor den Prärien im Osten sind.

Zunächst geht es noch weiter durch dichten, tiefgrünen Nadelwald, über den nur hin und wieder weiße Gipfel spitzen. Doch dann kommen die ersten Seen, und der Blick öffnet sich: Herbert Lake, Hector Lake und schließlich der große **Bow Lake**, in den der Bow Glacier herabstürzt. Das knallrote Dach der Num-Ti-Jah-Lodge am Seeufer setzt genau den richtigen Farbklecks fürs Erinnerungsfoto.

Gemütlich geht es weiter, in großen Serpentinen hinauf zum Bow Pass. Ein paar Radler in buntem Dress strampeln auf dem breiten Seitenstreifen die schier endlose Steigung hoch. Jetzt ist auch der erste Verkehrsstau vorprogrammiert: Riesige weißgespritzte Wohnmobile, richtige rollende Häuser, kriechen im Schrittempo vorneweg. Nur keine Hektik. Die Aussicht genießen. Auch wenn man die Schlachtschiffe jetzt überholt – spätestens am nächsten Autoauflauf trifft man sich wieder. Denn wo immer rote Bremslichter leuchten und einige Autos am Straßenrand stehen, ist vermutlich einer der angestammten Parkbewohner zu sehen. Ein Elch, ein Hirsch, ein Bär. *It's photo time*, aber bitte mit Abstand.

Obwohl der **Bow Summit** mit 2 088 Metern der höchste Paß am Icefields Parkway ist, wirkt die Aussicht zunächst enttäuschend: ein spärlich bewachsenes

Jasper National Park

Größe: 10 878 km^2

Gründungsjahr: 1907

Lage: in den nördlichen Rocky Mountains an der Westgrenze Albertas

Sehenswürdigkeiten: Icefields Parkway im wildreichen Hochgebirgstal des Athabasca River; Athabasca-Wasserfälle; Wanderwege am Mount Edith Cavell; 40 km lange Seitenstraße zum Maligne Canyon und Maligne Lake

Einrichtungen: Visitor Centre, Unterkünfte, Läden usw. im Ort Jasper; Bootsfahrten am Maligne Lake, Gletscher-Touren am Athabasca-Gletscher, Rafting auf dem Athabasca River, Gondelbahn zum Whistlers-Gipfel

Info-Adresse: Superintendent, Jasper National Park, P.O. Box 10, Jasper, Alta. T0E 1E0, © (403) 852-6661

Hochtal nahe der Baumgrenze. Doch eine kurze Seitenstraße ändert das schnell. Ein paar Minuten zu Fuß auf
einem ruhigen Waldweg und man steht am **Peyto Lake
Viewpoint** mit einem traumhaften Blick über das Tal
des **Mistaya River**. Aus der Tiefe strahlt das lichtgrüne
Auge des Peyto Lake. Keine Postkarte kann so kitschig
sein – aber die Farbe des Sees ist echt. Auf der hölzernen Aussichtsplattform posiert eine tuschelnde Schar
japanischer Touristen zum Gruppenbild. Wettknipsen
mit Wegwerfkameras ist angesagt.

Der Highway führt nun zum Mistaya River hinab, der
durch mehrere kleine Seen nach Norden fließt. Neue
Gipfel, neue Aussichten. Im stillen Waterfowl Lake spie-
gelt sich die ebenmäßige Pyramide des Mount Chephren. Rechts ragen die schroffen Quartzsandsteinpfeiler
des Mount Murchison auf. Dann wieder ein kurzer Wanderweg: hinab zum **Mistaya River Canyon**. Über Jahrtausende hat der Fluß eine enge Klamm in die dicken
Sand- und Kalksteinschichten eingefräst, Höhlen und
Kessel ausgewaschen, deren Wände vom unablässig
tosenden Wasser spiegelglatt poliert wurden. Kühler,
erfrischender Gischtnebel steigt aus dem dunklen
Abgrund unter der Brücke auf.

Danach geht es stromaufwärts am Saskatchewan
River, der bei **Saskatchewan River Crossing** durch
die Berge nach Osten bricht und seinen 3 000 Kilometer langen Lauf durch die Prärien zur Hudson Bay
antritt. Breite, vegetationslose Kiesbänke zeugen von
den großen Überschwemmungen des Flusses zur
Schneeschmelze.

Eine erneute steile Kletterpartie führt hinauf über die
Baumgrenze zum **Sunwapta Pass**, der Grenze zwischen den Nationalparks Banff und Jasper. Kurz hinter
dem 2 035 Meter hohen Paß dann der unbestrittene
Höhepunkt des Icefields Parkway: der **Athabasca
Glacier**. In einem nackten, windumtosten Hochtal
zwischen 3 000er-Gipfeln leckt die Gletscherzunge gut
sechs Kilometer bis in die Talsohle herab; in eine urwelt-
liche Moränenlandschaft, die dem fröstelnden Betrachter klar macht, daß die letzte Eiszeit noch nicht so lange
her ist.

Der Athabasca-Gletscher fließt aus dem riesigen
Columbia Icefield, das in über 2 800 Meter Höhe auf

*Schmelzwasser am
Fluß des Mount Edith
Cavell*

dem Grat der Rocky Mountains liegt. Über 300 Meter dick und auf einer Fläche von 325 Quadratkilometern bedeckt es die Täler und Berge an der kontinentalen Wasserscheide. Sogar eine dreifache Wasserscheide liegt hier, so daß Schmelzwasser aus dem Eisfeld über den Columbia River in den Pazifik, über den Athabasca River zum nördlichen Eismeer und über den Saskatchewan River zur Hudson Bay und damit in den Atlantik fließt.

Eine grandiose, kalte, weiße Welt liegt dort oben, in der nur die Naturgewalten regieren. In den Worten von Norman Collie, der zusammen mit Hermann Wooley 1898 das Eisfeld entdeckte: »Der Blick, der im Abendlicht vor uns lag, war einer, der modernen Bergsteigern nur selten vergönnt ist. Eine neue Welt tat sich zu unseren Füßen auf; nach

Von Gletschern vorgeformt: Trasse des Icefields Parkway am Sunwapta Pass

Westen dehnte sich ein gewaltiges Eisfeld, das wahrscheinlich noch nie ein menschliches Auge gesehen hatte – umgeben von völlig unbekannten, unbenannten und unbestiegenen Gipfeln.« Doch auch ohne Seil und Pickel kann man etwas von der Erhabenheit der Eiswelt erleben. Unterhalb des Visitor Centre führt eine Seitenstraße hinab zum Eis, entlang der mit Schildern der Rückzug des Gletschers markiert ist: Noch vor 100 Jahren füllte er das ganze Tal, seitdem schmolzen bis zu 37 Meter pro Jahr ab. Derzeit zieht sich das Eis zwischen ein und drei Metern jährlich zurück – der Anmarsch vom Parkplatz über das Moränengeröll zum Eis wird immer länger.

*Athabasca Falls –
schäumende Wasser-
massen auf dem Weg
zum Eismeer*

Schöner als die schmutziggraue Stirn des Gletschers ist
die blendendweiße Schneefläche weiter oben, wo sich
blaugrün schimmernde Gletscherspalten auftun und
der kalte Boden ständig knackt und gluckert. Per Spe-
zial-Raupenfahrzeug werden Exkursionen auf das Eis
unternommen, eindrucksvoll und sicher – auch für
Turnschuh-Touristen. Ein noch schöneres Naturerlebnis
bietet allerdings der Wanderpfad zur **Parker Ridge**.
Durch alpine Wiesen klettert er zum Viewpoint über
den zwölf Kilometer langen **Saskatchewan-Gletscher**,
der ebenfalls ein Kind des Columbia Icefield ist.

Die Weiterfahrt auf dem Parkway führt über die grau-
braunen Moränenhügel im ehemaligen Bett des Atha-
basca-Gletschers abwärts ins Tal des **Sunwapta River**.
Stutfield und Dome Glacier grüßen von der Westseite
des Tals. Und wieder jagen sich die Aussichtspunkte
über Berge und Wasserfälle: **Sunwapta Gorge**, Sunwapta River, **Athabasca Valley, Athabasca Falls**. Der Fotoapparat kommt nicht zur Ruhe. Vor allem, wenn wieder
mal Tiere am Straßenrand zu sehen sind: salzleckende
Bergschafe oder zottelige Bergziegen im fleckigen Som-
merfell.

In den breiten, waldreichen Tälern im Banff Park
leben die Tiere meist weit verstreut und sind im Unterholz schwierig auszumachen. Im Jasper National Park
dagegen bieten nur wenige Talsohlen guten Lebensraum für die Tiere, so daß hier die Chancen zur
Beobachtung sehr gut sind. Vor allem Wapiti-Hirsche,
oft mit kapitalem 18endigem Geweih, wird man im lichten Kiefernwald des Athabasca Valley zu sehen bekommen. *Elks* nannten die weißen Einwanderer die Wapitis,
doch sie sind Hirsche und haben mit Elchen nichts zu
tun. Manchmal wetzt auch ein Schwarzbär im Galopp
über den Highway, und im Frühjahr steigen sogar die
braunen, struppigen Grizzlies zum Äsen herab in die
bereits schneefreien Täler. Der Hunger treibt die mus-
kelbepackten Kolosse ins Tal – also Vorsicht! Vor allem
beim abendlichen Steak-Brutzeln am Campingplatz.

Schließlich die Einfahrt zum Ort **Jasper**, dem kleineren und ruhigeren Pendant zu Banff. Sogar die Souvenir-Shops an der kurzen Hauptstraße, die parallel zu
den Schienen der Bahnlinie verläuft, halten sich
maßvoll zurück. Nach dem Check-in am Spätnachmittag

kann man dann noch einmal aufbrechen: fußfaul zu einer Gondelfahrt mit Panoramablick auf den Whistlers-Gipfel oder, noch besser, zu einer kleinen Wanderung zu Füßen des **Mount Edith Cavell**.

»Edith«, benannt zu Ehren einer britischen Krankenschwester, die im Ersten Weltkrieg von den Deutschen hingerichtet wurde, ist mit 3 363 Metern einer der höchsten Gipfel im Park. Südlich von Jasper führt eine Seitenstraße an den gewaltigen Bergklotz heran, wo in der Steilwand oberhalb des Parkplatzes der **Angel Glacier** hängt, aus dem immer wieder krachend und rumpelnd große Eisbrocken abstürzen. Je nach Kondition kann man entweder zu dem kleinen Schmelzwassersee am Fuß des Gletschers spazieren oder noch bergauf zu den Cavell Meadows wandern. Dort bieten die vielfarbig blühenden Wiesen vor dem Hintergrund des Gletschers einen würdigen Abschluß unseres Panoramatages.

Der Icefields Parkway – eine Traumroute zum Rad-Touring

km	Zeit	Route
0	9.00	Abfahrt in **Jasper** auf dem Yellowhead Highway (Hwy. 16) nach Osten und über die Maligne Lake Road (s. Karte S. 114) zum
22	9.30	**Maligne Canyon** (Spaziergang ca. 1–2 Std.), danach zurück zum Hwy. 16; auf diesem nach Westen bis zum Parkplatz am
120	13.00	**Mount Terry Fox Viewpoint** mit Blick auf den Mount Robson; Picknicktische für ein Mittagspicknick beim Visitor Centre (Achtung: Zeitumstellung auf *Pacific Time* bereits am Yellowhead Pass – die Uhr 1 Std. zurückstellen!). Danach in
150	16.00	**Tête Jaune Cache** auf den Hwy. 5 nach Süden abzweigen, weiter bis
360	18.00	**Clearwater** (19 Uhr nach *Mountain Time*).

R O U T E 1 2 Informationen

  Maligne Canyon
Durch den 50 m tiefen und nur wenige Meter breiten Canyon am Beginn der Maligne Lake Road führt ein Wanderpfad; sechs Brücken ermöglichen spektakuläre Blicke in die Tiefe der Schlucht.

 Wells Gray Inn
Am Hwy. 5
Clearwater, B.C. V0E 1N0
℡ (250) 674-2214, Fax 674-3019
Schönes Hotel mit Restaurant und Bar. $$

 Dutch Lake Resort
361 Ridge Rd.
Clearwater, B.C. V0E 1N0
℡ (250) 674-3351, Fax 674-3398
Hübscher Campingplatz am See mit vier Motel-Blockhütten. Waschsalon; Boot- und Kanuvermietung. $$

 Wells Gray Provincial Park
Im Park sind mehrere Provincial Campgrounds. Das Visitor Centre am Hwy. 5 in Clearwater gibt über freie Plätze Auskunft.

Das Massiv des Mount Robson ▷

12

Ein Fluß, der Verstecken spielt

Maligne River

Das schönste Postkarten-Panorama der Rockies: Spirit Island im Maligne Lake

Einige Kilometer östlich von Jasper zweigt die **Maligne Lake Road** nach Süden ab. In weiten Schwüngen führt die Straße durch den lichten Wald ein Seitental hinauf, das der Maligne River grub. Der belgische Missionar DeSmet hat angeblich dem »bösen« Fluß diesen Namen gegeben, weil er bei der Durchquerung vom Pferd und ins eiskalte Wasser fiel.

Noch eine grüne Kurve und noch eine. Manchmal beleben ein paar Bergschafe das Bild, lecken das vom

Winter übriggebliebene Salz von der Straße und mustern die langsam vorbeirollenden Besucher mit keksforderndem Blick. Ein Stück weiter vorne am Highway huscht ein brauner Coyote ins Gebüsch.

Die Straße bis zum Ende zu fahren, bis zum **Maligne Lake**, wäre heute zuviel des Guten, denn wir wollen ja noch bis Clearwater kommen. Doch die grandiose Bergkulisse um den See lohnt mühelos einen Extratag: Morgens im Maligne Canyon wandern, mittags ein Picknick am Medicine Lake und nachmittags eine Bootstour – denn man muß sich schon aufs Wasser wagen, um den Maligne Lake in seiner vollen Länge und Schönheit zu erleben. Der allseits gepriesene Höhepunkt der Bootstour ist der Blick auf **Spirit Island**: ein winziges Inselchen im grünschimmernden Wasser mit einem Büschel Tannen obendrauf – dahinter eine spektakuläre Bergszenerie von Steilhängen, Felsgipfeln und Gletschern.

Beliebtes Motiv: das Bootshaus am Maligne Lake

Außerdem erfährt man bei der Tour allerlei interessante Hintergründe. Daß der Maligne Lake mit 22,5 Kilometern Länge nach dem Baikalsee der größte Gletschersee der Welt sei oder daß die schlanken *lodgepole pines*, eine Kiefernart, der wir schon oft begegnet sind, ihren Namen »Hauspfahlkiefern« deshalb erhielten, weil die Indianer sie als Gerüst für die Tipis aus Büffelhäuten verwendeten. Eine andere Kuriosität verbirgt sich unter der Oberfläche des **Medicine Lake**, den man an der Maligne Lake Road passiert: Das Kalkgestein am Seegrund ist so porös und verkarstet, daß der Maligne River nicht wie jeder normale Fluß oberirdisch aus dem See strömt, sondern gut 16

Kilometer durch die Höhlen im löchrigen Untergrund fließt, ehe er wieder ans Tageslicht tritt. Wenn im Herbst der Schmelzwasserzufluß aus den Bergen nachläßt, verschwindet der Medicine Lake sogar gänzlich und füllt sich erst im Frühjahr wieder. Eine rätselhafte Naturerscheinung für die Indianer, die im See deshalb *bad medicine* vermuteten.

Den Maligne River bekommen wir auf der heutigen Tour auch zu sehen – im **Maligne Canyon**. Allerdings versucht der Versteck spielende Fluß schon wieder abzutauchen: Gut 50 Meter tief und an manchen Stellen nur zwei Meter breit ist die Schlucht, die er sich seit der letzten Eiszeit in das weiche Gestein grub. Zur Schneeschmelze im Frühjahr wird die schäumende Gewalt des Wassers besonders eindrucksvoll deutlich, wenn der Fluß in der schmalen Klamm an den Wänden schmirgelt.

Nach einem Bummel am Canyon-Rand geht es zurück nach Jasper und weiter westwärts. Der **Yellowhead Highway**, neben dem Trans-Canada Highway die wichtigste Ost-West-Verbindung von den Prärien zum Pazifik, folgt von Jasper dem Tal des Miette River nach Westen. Die Touristenzentren liegen nun hinter uns, und es wird einsamer, stiller – auch wenn im Rückspiegel manchmal ein bulliger Truck drängelt.

In einem breiten Gletschertal überquert der Highway auf 1 131 Metern völlig unspektakulär den **Yellowhead Pass** (Zeitumstellung!). Der bequeme, niedrigo Paß war seit Jahrtausenden eine wichtige Handelsroute der Indianer zwischen dem gebirgigen Westen

und den Prärien gewesen. Später benannten die Pelzhändler diese Route nach dem irokesischen Trapper
Pierre Hatsination, ein Halbblut-Indianer, der wegen
seines blonden Haarschopfs den Spitznamen Tête
Jaune trug – im Englischen *yellow head*.

Kurz hinter dem Paß, der heute die Grenze zwischen Alberta und British Columbia bildet, kreuzt ein
kleiner Bach den Weg: der hier noch junge, saubere
und spritze **Fraser River**. Fast 1400 Kilometer weiter südlich wird er bei Vancouver breit und träge in
den Pazifik münden. Die erste Kraft für die lange
Reise holt er sich aus den wasserreichen Bergen um

*Der Yellowhead High-
way verläuft zu Füßen
des Roche Miette auf
einer Sanddüne zwi-
schen Talbot Lake und
Jasper Lake*

den **Moose Lake**, den der Highway einige Zeit begleitet. Danach geht es steil bergab im Tal des Fraser, die
grünen Hänge ragen hoch über der Straße auf. Doch
dann eine Kurve, der Blick öffnet sich wieder, und
plötzlich ragt er rechter Hand auf wie eine schneeweiße Vision: der **Mount Robson**, mit 3954 Metern
höchster Gipfel in den kanadischen Rocky Mountains.
Nur hoch im Norden an der Grenze zum Yukon Territory gibt es noch gewaltigere Gipfel.

Der Brite Dr. Cheadle, der mit seinem Begleiter Viscount Milton 1862/63 als erster Tourist zu einer »reinen Vergnügungsfahrt« im Westen Kanadas unterwegs war, beschrieb in seinem Tagebuch diesen zeit-
losen Anblick: »Rund um uns drängten sich die
schneebedeckten Häupter der mächtigen Berge.
Direkt hinter uns türmte sich, ein Gigant unter Giganten und unvorstellbar erhaben, Robsons Gipfel. Dieser
herrliche Berg ist von konischer Form, mit Gletschern
bedeckt. Der Nebelmantel, der bei unserer Ankunft
den Gipfel umhüllte, riß plötzlich auf. Dann sahen wir
den oberen Teil umringt von federleichten Wolken,
über ihnen ragte die Eisspitze in den blauen Himmel.«

Bis heute hat sich nichts an dem grandiosen Anblick geändert, nur ein Visitor Centre ist am Fuß des
Berges dazugekommen und ein kleiner Laden, der
ganz vorzügliche *Ice cream* verkauft. Bei guter Sicht
wird man sich – schleckend und staunend – kaum losreißen können von diesem Superberg, und auf der
Weiterfahrt füllt der massive Gipfel noch lange das
Heckfenster aus.

Das war's an Sehenswürdigkeiten für heute. Ab
jetzt heißt es nur noch fahren. Fahren, fahren, fahren.
Bei **Tête Jaune Cache** verläßt der Yellowhead Highway die Rockies, die hier wie schon weiter südlich
abrupt am Rocky Mountain Trench enden. Auf der
Westseite des Grabenbruchs liegen die völlig uner-
schlossenen **Cariboo Mountains**, die in Heli-Ski-
Kreisen einen guten Namen haben.

Am Ortsrand von Tête Jaune Cache zweigt unsere
Route auf den Yellowhead Highway 5 nach Süden ab.
Noch ein paar Felder, ein paar Farmhäuser, dann ver-
sinkt die Straße in den grünen Tälern der Cariboo
Mountains. Als Beifahrer kann man nun gut und gern

*Tipi-Dorf für Touristen
bei Clearwater*

zwei Stunden Nickerchen halten – es ändert sich rein gar nichts. Grüne Berge, rauschende Flüßchen Kilometer um Kilometer. Kaum ein Zeichen menschlicher Zivilisation ist für die nächsten 200 Kilometer zu sehen. Höchstens ein einsamer Schwarzbär lugt mal aus dem Unterholz.

Es zieht sich. Zeit genug, um der geplagten Pioniere zu gedenken, die sich hier vor 130 Jahren durch die Wildnis schlugen. Für die Strecke von Jasper nach Kamloops, heute eine gemütliche Tagesstrecke, benötigten Dr. Cheadle und Viscount Milton, die ersten »Touristen« in British Columbia, 1863 fast eineinhalb Monate.

Ein Jahr zuvor zogen hier Goldsucher vorüber auf dem Weg zu den Schätzen von Barkerville. Von Winnipeg aus hatten diese *overlanders* zu Pferd und zu Fuß die Prärien und die Rocky Mountains überquert, ehe sie schließlich am Oberlauf des Thompson River Flöße bauten und parallel zur heutigen Highway-Route nach Süden drifteten. Reisezeit insgesamt: vier Monate. Katharina Schubert, die Frau eines deutschen Goldgräbers, war bei dem mühseligen Treck auch dabei – mit drei Kindern und hochschwanger! Am Tag nach der Ankunft in Kamloops kam – stramm und gesund – der Nachwuchs.

Der heutige Highway-Reisende hat es da besser. Mühelos gleitet man die Asphaltserpentinen am Thompson River entlang durch die grüne Landschaft. Möglichkeiten zum Abweichen von der Route gibt es kaum. Nur bei **Blue River**, einem winzigen Ferienort mit Helihiking-Resort für Aktivurlauber, zweigt eine Seitenstraße ab in den noch kaum erschlossenen Ostteil des **Wells Gray Privincial Park**. Vor allem für Kanufahrer ist dieser Parkabschnitt interessant, die dort auf dem langgestreckten Murtle Lake für Tage in die Wildnis padeln können.

Von Blue River aus geht es nochmal lange durch die Berge, ehe schließlich kurz vor **Clearwater** wieder Menschenwerk am Highway 5 auftaucht: einige Felder, Wiesen, ein paar kleine Pionierorte. Dann wird die Bebauung dichter: Sogar Schilder von Motels und Tankstellen gibt es plötzlich wieder. Clearwater ist erreicht. Tagesziel geschafft.

Ein Elk – nicht ein Elch, sondern ein Wapiti-Hirsch

ROUTE 13 Clearwater – Wells Gray Provincial Park – Williams Lake – Quesnel (462 km)

km	Zeit	Route	Routenverlauf vgl. Karte S. 122.
0	9.00	Abfahrt in **Clearwater**, am Clearwater River entlang nach Norden. Kurzer Stopp an den **Spahats Creek Falls**, dann weiter zum **Wells Gray Provincial Park** zu den	
62	10.00	**Dawson und Helmcken Falls**, zurück zum Hwy. 5, weiter bis	
145		**Little Fort** und hier rechts abbiegen auf den Hwy. 24 in Richtung 100 Mile House.	
242	14.00	Bei der Einmündung in den Hwy. 97 rechts ab (nordwärts) nach	
252		**100 Mile House**, weiter zum	
265		**108 Mile Heritage Centre**	
342	16.00	**Williams Lake**	
462	17.30	**Quesnel**.	

Übernachtungs-Alternative: Wer die Ruhe auf dem Land dem Betrieb in Quesnel vorzieht und auch mit einer einfachen Unterkunft zufrieden ist, fährt die ersten 72 km der morgigen Route bis nach Wells und übernachtet dort (Hub Motel, © (250) 994-3313). Wohnmobilfahrer finden nach 82 km in Barkerville einen Campground.

ROUTE 13 Informationen

Wells Gray Provincial Park
Ein Wildnispark für Wanderer und Bergsteiger in den Cariboo Mountains. Hauptzufahrtsweg ist die Stichstraße von Clearwater zum Clearwater Lake. An dieser Straße liegt auch die Hauptattraktion: Helmcken Falls. Der Murtle River fällt hier aus 137 m Höhe in einen Canyon. Am Nordende der Straßenbrücke über den Fluß führt ein Wanderweg (20 Min.) an die Nordseite der Dawson Falls heran, wo man die tosenden Wassermassen »von hinten« betrachten kann.

108 Mile Heritage Site
Gebäudegruppe aus der Anfangszeit der Cariboo Waggon Road.

The Vaughan House
714 Front St.
Quesnel

© (250) 992-6852
Sehr gute Küche und Weinkarte; geöffnet ab 17 Uhr. $$–$$$

Tower Inn Hotel
500 Reid St.
Quesnel, B.C. V2J 2M9
© (250) 992-2201, Fax 992-5201
Hotel mit Restaurant und Bar. $$$

Cascade Inn
383 St. Laurent Ave.
Quesnel, B.C. V2J 2E1
© (250) 992-5575
Einfaches Motel; Hallenbad. $$

Ten Mile Lake Provincial Park
Am Hwy. 97, 11 km nördlich von Quesnel
Einfacher Provinz-Campingplatz am Seeufer mit schönem Sandstrand zum Baden.

◁ *Ganz nah dran: Helmcken Falls im Wells Gray Provincial Park*

13

Seen, Wälder, Wasserfälle

Wells Gray Provincial Park und Williams Lake

Helmcken Falls

Clearwater liegt bereits am Westrand der **Cariboo-Region**, durch die unsere Route für die nächsten zwei Tage führt. Stiller, einsamer und etwas weniger spektakulärer ist es hier als in der hochalpinen Bergwelt der Rockies. Von der gewaltigen Gebirgsfaltung der Kordilleren strahlen nur Mittelgebirgszüge auf das weite Hochplateau im Herzen von British Columbia aus. Im Südteil des »Cariboo« dehnt sich eine sonnige Seenplatte mit großen Ranches, Cowboys und Rodeos, im Norden warten waldreiche Hügellandschaften mit grandiosen Wasserfällen, Geisterstädten und abenteuerlichen Goldgräbergeschichten auf. Zwei Tage sind dafür gerade recht – die Seen und das Weideland mit Westernflair können aber leicht dazu verlocken, einige Tage länger zu bleiben. Zum Reiten und Entspannen auf einer Ranch, zu einer Kanutour auf dem Clearwater Lake oder den Bowron Lakes.

Von **Clearwater** aus folgt eine Stichstraße dem Tal des gleichnamigen Flusses nach Norden in die von Vulkanismus und Gletschertätigkeit geformten Berge des **Wells Gray Provincial Park**. 520 000 Hektar Wälder, Seen und Gipfel im Südteil der Cariboo Mountains hat die Provinzregierung dort 1939 unter Naturschutz gestellt. 520 000 Hektar ursprüngliche Bergwildnis, in die bis heute nur eine Straße führt. Über sie sind die bekanntesten Attraktionen des Parks, die herrlichen Wasserfälle, bequem zu erreichen – der riesige Rest der Landfläche bleibt den Kanufahrern und Wanderern vorbehalten.

Am Parkplatz der **Dawson Falls** dringt bereits dumpfes Grollen ans Ohr. Ein paar Schritte durch den Wald, dann steht man vor dem weißschäumenden Spektakel des Wasserfalls. Auf 90 Meter Breite stürzt der Murtle River über eine 18 Meter hohe Klippe und tost dann weiter durch Kessel und Felswannen. Eindrucksvoll und ohrenbetäubend. Aber der Höhepunkt kommt noch: **Helmcken Falls** einige Kilometer stromabwärts am Murtle River. Wieder ein kurzer Waldweg vom Parkplatz, wieder ein Rauschen in der Ferne hinter den grünbemoosten Stämmen – dann der grandiose Ausblick von hoher Felswarte auf den 137 Meter hohen Wasserfall. Aus einer schmalen Kerbe im Basaltgestein schießen die Wassermassen des Murtle River in weitem Bogen die ausgehöhlte Klippe herab. Ein Wasserfall wie aus dem Bilderbuch.

Zurück am Yellowhead Highway 5 wendet man sich nach Westen und folgt dann ab **Little Fort** dem Highway 24 über die Berge. Noch über 100 Kilometer einsame Seen und grüne Hügel, dann ist bei **100 Mile House** der Cariboo Highway 97 erreicht. Der heutige, gut ausgebaute Highway folgt exakt der historischen Cariboo Waggon Road, auf der einst die Goldgräber von der Küste zu den reichen *claims* in den Cariboo Mountains weiter nördlich bei Barkerville reisten.

Noch lange nach ihrem Bau 1863 war die Cariboo Waggon Road die einzige Straße West-Kanadas. Die seltsamen Ortsnamen entlang der Route gehen auf die Roadhouses zurück, jene alten Rasthäuser, an denen die rot und gelb bemalten BX-Postkutschen die Pferde wechselten und erschöpfte Reisende ein Dach für die Nacht finden konnten. Diese Roadhouses wurden schlicht nach ihrer Entfernung vom Ausgangspunkt Lillooet benannt: 70 Mile House, 100 Mile House und so weiter. Manche von ihnen entwickelten sich später zu Ortschaften, die meisten allerdings gerieten in Vergessenheit und verfielen.

An manchen der Wegstationen entstanden auch Ranches, wie etwa bei **108 Mile**, wo das aus Stämmen erbaute Ranchhaus erhalten blieb. Das trockene Fraser-Plateau im Regenschatten der Küstenberge eignet sich bestens zur Viehzucht – die Steaks verschwinden heute allerdings nicht mehr in den hungrigen Mäulern von Goldsuchern, sondern in Kühllastern mit dem Ziel Vancouver oder Ost-Kanada.

Hauptort des Ranchlandes ist **Williams Lake**, ein modernes Versorgungszentrum, das seine Cowboy-Tradition alljährlich um den 1. Juli in einem großen Rodeo feiert. Rings um die Stadt liegen große Viehhöfe, führen zahllose Wildnisstraßen weit ins Hinterland, wo in der Chilcotin-Region im Westen bis heute Pionierfamilien auf abgelegenen Ranches leben. Nur alle paar Monate kommen sie zum Einkaufen in die »Großstadt«, die Kinder bekommen Fernunterricht, und bei Notfällen ersetzt der Helikopter den Notarztwagen.

Nördlich von Williams Lake treffen wir wieder auf einen alten Bekannten, den Fraser River, der hier nicht mehr wie das junge Flüßchen am Mount Robson geschwind über die Kiesel springt, sondern sich braun und mächtig durch das breite Tal wälzt. Der Cariboo Highway begleitet den Fluß nach Norden bis **Quesnel** (gesprochen »Kwinell«, da der Ort nach einem frankokanadischen Pelzhändler, einem Gefährten von Simon Fraser, benannt ist). Das moderne Städtchen lebt ganz offensichtlich von der Holzindustrie. Im großen Sägewerk am Nordrand des Ortes stapeln sich harzig duftende Bretterstöße, ein unablässiger Strom von Holzspänen für die Zelluloseproduktion rieselt in die Güterwaggons, und im qualmenden Meiler werden Rindenreste verfeuert.

Holzverarbeitung bei Quesnel – noch immer ein wichtiger Industriezweig in Kanada

ROUTE 14   Quesnel – Barkerville – Prince George (285 km)

km	Zeit	Route	Routenverlauf vgl. Karte S. 122.
0	9.00	Am Ortsausgang von **Quesnel** (Richtung Prince George) nach rechts auf den Hwy. 26 über	
35		Cottonwood House nach	
82	10.30	**Barkerville**. Besichtigung und Lunch.	
164	14.30	Rückfahrt auf derselben Strecke bis Quesnel, dann auf dem Hwy. 97 North nach	
285	17.30	**Prince George**.	

ROUTE 14   Informationen

Cottonwood House
Hwy. 26, 30 km östl. von Quesnel
Im Sommer tägl. 8–17 Uhr, Eintritt $ 2
Alte Postkutschenstation von 1864; Ausstellungen, Kutschfahrten.

Barkerville
✆ (250) 994-3332
Ganzjährig 8 Uhr bis Sonnenuntergang,
Eintritt $ 5.50
Museumsdorf der Goldgräberstadt von 1870.

Wake Up Jake Restaurant
Barkerville
Mahlzeiten im Stil von 1870. $–$$

Prince George   Vorwahl: ✆ 250

Prince George Travel Infocentre
1198 Victoria St. & 15th Ave.
Prince George, B.C. V2L 2L2
✆ 562-3700, Fax 563-3584
Sommer Mo–So 9–20 Uhr

Coast Inn of The North
770 Brunswick St.
Prince George, B.C. V2L 2C2
✆ 563-0121, Fax 563-1948
Downtown-Hotel mit allen erdenklichen
Annehmlichkeiten. $$$–$$$$

Esthers Inn
1151 Commercial Dr.

Prince George, B.C. V2M 6W6
✆ 562-4131, Fax 562-4145
Motor-Hotel mit tropisch begrüntem,
überdachtem Innenhof und Hallenbad.
$$

Blue Spruce RV Park
Westlich von Prince George, am Hwy. 16
✆ 964-7272, Fax 964-7274
Sauberer Privatplatz mit Waschsalon
und Swimmingpool; etwas abseits vom
Highway im Wald gelegen.

The Log House Restaurant and RV Park
10 km östlich von Prince George, nahe
Hwy. 97, Lakeview Rd.
Prince George, B.C. V2N 2H8
✆ 963-9515
Ausgezeichnetes Essen; deutscher Besitzer; Wohnmobil-Stellplätze. $$–$$$

Cariboo Steak & Seafood
1165, 5th Ave., Prince George
✆ 564-1220
Meeresfrüchte und saftige Steaks. $$

Cantor Forestry Tours
✆ 561-3947
Eine der größten Forstgesellschaften
Westkanadas bietet im Sommer kostenlose Führungen durch Sägewerke, Zellulosefabriken und Holzfällercamps. Reservierung nötig.

135

»Gold in the Cariboo«

Die Goldgräberstadt Barkerville

*Museumsdorf Barker-
ville: renoviertes
Relikt der Goldrausch-
zeit*

Quesnel war vor 130 Jahren das Tor zum Goldland
der **Cariboo Mountains**, zum Eldorado von Barkerville. Tausende von Goldsuchern hatten nach den
ersten Funden im unteren Fraser River 1858 das Hinterland des Flusses durchkämmt – das Gold mußte
doch eine Quelle haben!

Das Glück ließ auch nicht lange auf sich warten:
1860 wurden die ersten Vorkommen in den Cariboo

Mountains entdeckt; zwei Jahre später kam Billy Barker, ein Seemann aus Cornwall, der in Victoria von seinem Schiff desertiert war, und buddelte im Tal des Williams Creek. Zunächst vergeblich, doch als er schon fast aufgeben wollte, entdeckte er gut zehn Meter unter dem Bachbett seinen glitzernden Traum. Dort lag die *bonanza* – Gold für 1 000 Dollar pro Quadratfuß! Fast über Nacht entstand die Boomtown Barkerville, jeder Meter des Bachbettes wurde durchwühlt. (Billy machte ein Vermögen, das er aber – mit Hilfe seiner lebenslustigen Frau – bald durchbrachte. Er endete in einem Armengrab in Victoria.)

20 Jahre lang blühte die Stadt, brannte 1868 fast vollständig ab und wurde sofort wieder aufgebaut. Ab 1875 war jedoch das Ende nicht mehr aufzuhalten, die Ergiebigkeit der *claims* ließ nach, die Glücksritter zogen weiter. Nur einige Unentwegte ließen nicht

locker und fanden auch von Zeit zu Zeit neue, kleinere Goldvorkommen. Doch Barkerville verfiel und geriet in Vergessenheit. Es war allerdings nie eine echte Geisterstadt – Wolf Thompson, der letzte echte Bewohner, starb erst 1979, einen Monat vor seinem 90. Geburtstag. Die einstige Boomtown ist seit 1958 Provinzpark und Museumsdorf, eine Mischung aus Unterhaltung und Reise in die Vergangenheit.

Die Zeitreise beginnt schon einige Kilometer östlich von Quesnel am **Cottonwood House**. Das 1864 aus handbehauenen Stämmen errichtete Rasthaus sieht heute wieder genauso aus wie zu Zeiten der Postkutschen. Und einige Parkangestellte in historischen

Kostümen erzählen von der wilden Zeit damals, so daß man sich vor der originalen Kulisse die Pioniertage gut vorstellen kann.

Am Ende des Highway 26 dann schließlich **Barkerville**. Ein großer Parkplatz, ein fast noch größeres – und sehr interessantes – Museum und dahinter die schindelgedeckten Dächer der »Goldgräberstadt im Ruhestand«. Fast 100 Häuser sind mittlerweile restauriert oder rekonstruiert und sollen ein Bild der Stadt um 1870 geben. Zwar ist nicht alles historisch exakt, aber doch sehr farbenfroh und stimmungsvoll: die alten Hütten der *miners*, die Brauerei, der *general store*, der Chinesenladen, in dem auch Opium über den Tresen verkauft wurde, die Saloons, wo nicht wenige Goldnuggets in den Strümpfen der *hurdy gurdy girls* verschwanden.

Wie vor hundert Jahren: Barkerville

Dazu spielt, wie in den Museumsdörfern üblich, eine Schar kostümierter »Bewohner« Goldrauschzeit. Im *print shop* wird die Stadtzeitung »Cariboo Sentinel« gedruckt, Richter Begbie erzählt von seinen berühmtesten Prozessen und von den Missetätern, die er aufhängen ließ. Im Lung-Duck-Tong-Restaurant wird chinesisch gebrutzelt, und im Theatre Royal werden Melodramen von 1870 gezeigt. Der Kulturgenuß in der Wildnis kommt nicht von ungefähr. Schon 1865 schleppten Goldgräber das erste Klavier über den rauhen Trail nach Barkerville. Später wurden sogar britische Schauspieler für Shakespeare-Aufführungen engagiert. Geld spielte keine Rolle: Barkerville war damals nicht umsonst die größte Stadt westlich von Chicago und nördlich von San Francisco.

Nach dem Stadtbummel geht es dann wieder zurück ins 20. Jahrhundert, nach Quesnel und in schneller Fahrt nach Norden in Richtung **Prince George**. Doch Vorsicht: Die Nachfolger von *judge* Begbie sind heute nicht mehr mit dem Galgen hinter Golddieben, sondern mit der Radarpistole hinter Verkehrssündern her.

R O U T E 1 5 Prince George – Fort St. James – Smithers (492 km)

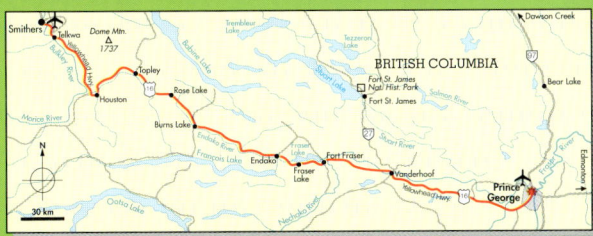

km	Zeit	Route
0	9.00	Von **Prince George** auf dem Yellowhead Highway (Hwy. 16) westwärts bis zur
104		Abzweigung auf den Hwy. 27; nach Norden Richtung Fort St. James
161	11.30	**Fort St. James National Historic Park** (Besichtigung); anschließend Picknick-Lunch.
	14.00	Abfahrt von Fort St. James, auf dem Hwy. 27 zurück zum Hwy. 16 West, weiter nach
492	18.00	**Smithers**.

R O U T E 1 5 Informationen

Fort St. James National Historic Park
Mitte Mai–Sept. tägl. 10–17 Uhr, im Hochsommer bis 17.30 Uhr, im Winter geschl.; Eintritt $ 4
Von Simon Fraser 1806 gegründeter Handelsposten der »Hudson's Bay Company«. Das Freilichtmuseum zeigt diesen einst wichtigsten Pelzhandelsplatz westlich der Rocky Mountains so, wie er 1896 ausgesehen hat.

Paarens Beach Provincial Park
Etwa 8 km nordwestlich von Fort St. James
Schön gelegener Park am Ufer des Stuart Lake; ideal für ein Picknick und ein erfrischendes Bad am Sandstrand.

Smithers, B.C.   Vorwahl: ✆ 250

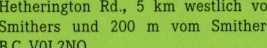

Lakeside Art Gallery B & B
Hetherington Rd., 5 km westlich von Smithers und 200 m vom Smithers, B.C. V0J 2N0
✆ & Fax 847-9174
Sehr gut ausgestattete Zimmer; spektakuläre Lage am Lake Kathlyn. $$

Hudson Bay Lodge
3251 Hwy. 16 East
Smithers, B.C. V0J 2N0
✆ 847-4581, Fax 847-4878
Großes Hotel im Alpen-Look mit Sauna und Restaurant. $$

Stork Nest Inn
1485 Main St., Smithers, B.C. V0J 2N0
✆ 847-3831, Fax 847-3852
Kleines, alpenländisch gestyltes Motel im Ortszentrum. Deutsch geführt, Frühstück inklusive.
$–$$

Tyhee Lake Provincial Park
Am Hwy. 16 vor Smithers, Telkwa
Herrlich gelegener öffentlicher Campingplatz am See; im Hochsommer auch schön zum Baden.

'Ksan Campground
Hazelton
✆ 842-5940
Sehr schön gelegener Campingplatz am Skeena River neben dem indianischen Museumsdorf 'Ksan.

139

15

Holzfäller, Pioniere und Pelzhändler

Von Prince George nach Smithers

Prince George ist eine solide und hart arbeitende Kleinstadt. Ein Versorgungszentrum wie viele andere im Westen Kanadas; autofreundlich, Straßen im Schachbrettmuster, einige Hotels und Bürobauten, funktionale Ladenzeilen im Zentrum, verstreute Wohnstraßen mit flachen Einfamilienhäusern ringsum. Prince George besitzt keine großen Sehenswürdigkeiten, keine Kirchen und Denkmäler, aber es ist doch typisch für die vielen namenlosen Provinzstädte des Hinterlandes.

Die Geschichte der Stadt ist schnell erzählt: Der Pelzhändler Simon Fraser erkannte die strategisch gute Lage der Uferterrasse am Zusammenfluß von Nechako River und Fraser und gründete hier 1807 ein Fort, das er nach dem regierenden britischen Monarchen George III. benannte. Erst mit dem Kommen der »Grand Trunk Pacific Railroad« 1914 entwickelte sich der kleine Außenposten in der Wildnis zur Stadt. Bei nur 87 frostfreien Tagen pro Jahr war an Landwirtschaft nicht zu denken, aber Holz war im Überfluß vorhanden. So entstanden Hunderte kleiner Sägewerke in den Waldgebieten rings um den Ort. In den 60er Jahren kam dann der große Boom: die Papier- und Zellulosefabriken siedelten sich an. Die Einwohnerzahl schoß auf über 50 000 hoch, und Prince George wurde zur wichtigsten Stadt im Norden der Provinz.

Über acht Millionen Kubikmeter Holz werden heute alljährlich im *forest district* von Prince George, dem größten in British Columbia, geschlagen, das wären genug Bretter und Spanplatten für 75 000 Einfamilienhäuser. Drei Zellulosefabriken, 15 Sägewerke, zwei Sperrholz- und zwei Chemiefabriken für Bleichmittel und Leim schaffen Arbeitsplätze für Tausende. Die gewaltigen Wälder um Prince George gehen als Zeitungspapier nach New York, als Eßstäbchen nach Tokio, als Schindeln

Kanadische Idylle am Fraser Lake

nach Vancouver und als Schränke nach Stockholm. Noch sind genügend Wälder vorhanden, doch Prince George darf die Wiederaufforstung nicht vernachlässigen.

Westlich der Stadt dehnt sich das riesige **Interior Plateau** aus, ein nur leicht hügeliges, seen- und waldreiches Hochland zwischen den Rocky Mountains im Osten und den Coast Mountains im Westen. *New Caledonia* hieß diese Region zur Pelzhändlerzeit im letzten Jahrhundert und war einerseits ein Dorado der Trapper: In den Bächen tummelten sich Biber und Bisamratten, in den tiefen Wäldern lebten Wölfe, Marder und Luchse, denen das rauhe, nördliche Klima zu einem seidigen, wertvollen Winterpelz verhalf. Doch andererseits galt das Gebiet wegen seiner Abgeschiedenheit auch als »Sibirien des Pelzhandels«, und unter den Angestellten der »Hudson's Bay Company« war eine Versetzung nach *New Caledonia* als Strafe gefürchtet.

Nördlich von **Vanderhoof** und dem Yellowhead Highway liegt am Südufer des Stuart Lake der kleine

»Welcome in New Caledonia«: Fort St. James

Ort **Fort St. James**, einst die Pelzhandelshauptstadt des Nordwestens. Simon Fraser, berühmter Entdecker in den Diensten der »North West Trading Company«, gründete 1806 den ersten Handelsposten auf einer kleinen Anhöhe über dem See. Von hier aus befuhr er als erster Weißer 1808 »seinen« Fluß bis zur Mündung in den Pazifik. Später übernahm die »Hudson's Bay Company« die Geschäfte in *New Caledonia*, und Fort St. James blieb 100 Jahre lang der wichtigste Posten westlich der Rockies.

Im alten Fort, das liebevoll und vorbildlich zum Museumsdorf restauriert wurde, gewinnt man einen guten Eindruck vom harten Tagwerk der Trapper und Pelzhändler. In den Blockhäusern hinter der hohen Palisadenwand läuft heute das Leben ab wie im Jahr 1896. Im Laden der »Hudson's Bay Company« gilt noch die alte Biberwährung, Wolldecken, in die ihr symbolischer Wert in Biberfellen eingewebt ist. Und Studenten in historischen Gewändern spielen detailgenaue Geschichte: »Trapper« schlafen nach Monaten in der Wildnis zum ersten Mal wieder in einem richtigen Bett, pflegen ihre Moskitostiche und klagen, daß nur einmal im Jahr Post von der Außenwelt kommt. Die »Einwohner« pressen die angelieferten Felle zu transportablen Ballen und verstauen getrocknete Lachse als Winterproviant im Fischhaus. Die »Mägde« backen Kekse, füttern die Hühner und fegen um den gußeisernen Herd im Offiziershaus. Dazu erzählen die Fortbewohner Klatsch aus der alten Zeit, etwa über Chief Kwah, den mächtigen Häuptling der Carrier-Indianer, der vier Frauen hatte, für jede Ecke seines Hauses eine. Er schaffte es tatsächlich, vom Fortkommandeur einen Rum spendiert zu bekommen – weil ihm am selben Tag von zweien seiner Frauen zwei Kinder geboren wurden.

Nach einem Picknick am sandigen Ufer des – übrigens etwa 100 Kilometer langen – **Stuart Lake** kehrt man dann wieder zurück nach Süden zum Yellowhead Highway. Nun ist wieder Fahren angesagt. Auf gut ausgebauter Straße geht es, immer parallel zur Eisenbahnlinie, vorbei an langgestreckten Seen, kleinen Feldern und Rinderweiden, durch Wälder und über Hügel. **Fort Fraser, Burns Lake, Houston** – lauter kleine Pioniersiedlungen in der Wildnis.

Kaum 25 Jahre ist es her, daß der Yellowhead Highway gebaut wurde und die Siedlungen verband. Zuvor war die Eisenbahn die einzige Verbindung mit der Außenwelt. Da nimmt es nicht Wunder, daß erst mit dem Straßenbau die Besiedelung ihren Aufschwung nahm und sich bis heute auf einen schmalen Streifen entlang des Highway beschränkt. Nach Süden erstrecken sich 200 Kilometer weglose Wildnis, nach Norden sind es gar 500 Kilometer bis zur nächsten Straße, dem Alaska Highway.

Auf dichteres Siedlungsgebiet stößt man erst wieder im fruchtbaren, flachen Bulkley Valley bei **Smithers**, einem sauberen, fast europäisch anmutenden Städtchen mit belebter und beflaggter Main Street und adretten, teilweise alpenländisch verschnörkelten Häusern. Ähnlich wie das »bayerische« Kimberley im Süden (s. Route 5 S. 62ff.) hat sich Smithers nämlich ein Alpen-Motto gewählt: die Schweiz. Sogar eine Alphornbläser-Statue hat man sich geleistet und ein Skigebiet am 2 652 Meter hohen **Hudson Bay Mountain** hinter der Stadt.

Geschichte als Rollenspiel: im Trapperhaus von Fort St. James

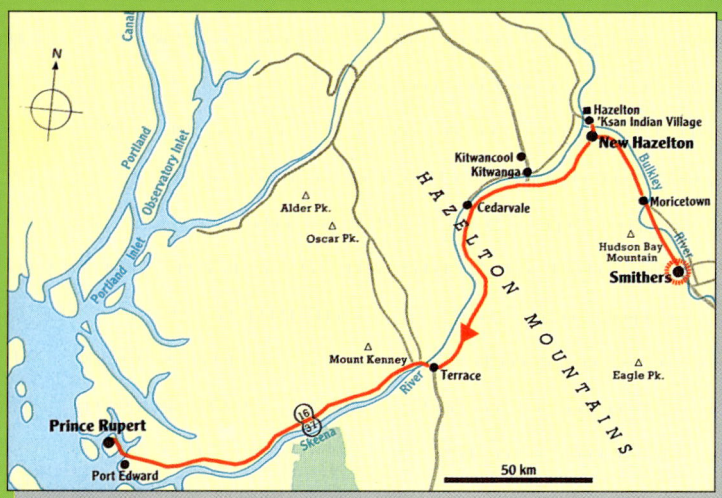

km	Zeit	Route
0	9.00	Abfahrt in **Smithers** auf dem Hwy. 16 nach Nordwesten
36	9.30	kurzer Halt am **Moricetown Canyon**, weiter nach
77	10.30	**Hazelton** zum **'Ksan Indian Village** (Besichtigung und Lunch)
	12.30	Abfahrt in Hazelton, auf dem Hwy. 16 West nach
226	14.30	**Terrace**.
363	16.30	Vor der Brücke nach Kaien Island links abbiegen nach **Port Edward** zum **North Pacific Cannery Museum** (Besichtigung).
	17.30	Weiterfahrt nach
380	18.00	**Prince Rupert**.

ROUTE 16 Informationen

 Moricetown Canyon
Am Hwy. 16, 35 km westlich von Smithers
Der Wasserfall des Bulkley River am Ende der nur 17 m breiten Schlucht stellt ein großes Hindernis für die Lachse auf ihrem Weg zu den Laichgründen dar. Von Anfang Juli, wenn die ersten *spring salmons* ankommen, bis Ende August drängen sich im *pool* vor den *falls* und vor den Fischleitern die Lachse dicht an dicht. Wenn die Lachse kommen, sieht man häufig Indianer mit Keschern auf den Felsen inmitten der

Stromschnellen stehen, die sich ihren Wintervorrat fangen.

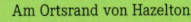

'Ksan Indian Village Museum
Am Ortsrand von Hazelton
Tägl. 9–18 Uhr, im Winter Mo–Fr 9–17 Uhr; im Sommer Führungen ($ 7)
Originalgetreue Rekonstruktion von einem Dorf der Gitksan-Indianer. Es besteht aus sieben große Plankenhäuser mit bemalten Fronten und Totempfählen. Führungen durch einheimische Indianer informieren über das Leben der Indianer vor ihrem Kontakt mit dem weißen Mann. Eines der Stammeshäuser ist als Werkstatt eingerichtet, in der man indianische Kunsthandwerker bei der Arbeit beobachten kann.

North Pacific Cannery Museum
1889 Skeena Dr.
Port Edward
℡ (250) 628-3538
Mai–Sept. tägl. 10–19 Uhr, Eintritt $ 5
Die Fabrik wurde 1889 am Skeena River gebaut und produzierte bis 1968 Konserven aus den vor der Haustür gefangenen Lachsen. Die noch in der Restaurierung begriffene Anlage vermittelt ein eindrucksvolles Bild vom Leben und Arbeiten in einer isolierten *cannery* an der Pazifikküste.

Prince Rupert, B.C.   Vorwahl: ℡ 250

Wichtig: Hotels bzw. Motels und Campgrounds in **Prince Rupert** sind in der Nacht vor der Abfahrt einer Fähre oft ausgebucht. Deshalb **unbedingt frühzeitig reservieren**, am besten gleich nach Eingang der Reservierung für die Fähre! Im Notfall können lärmunempfindliche Wohnmobilfahrer sich über Nacht auf den Parkplatz des Fährterminals stellen oder die *waiting line* am Verladeplatz zur Übernachtung benutzen.

Crest Motor Hotel
221, 1st Ave. W.
Prince Rupert, B.C. V8J 3P6
℡ 624-6771, Fax 627-7666
Das beste Haus am Platz, in schöner Lage auf einem Hügel über dem Hafen ($$$); gutes Restaurant ($$).

Highliner Inn
815, 1st Ave. W.
Prince Rupert, B.C. V8J 1B3
℡ 624-9060, Fax 627-7759
Großes, solides Mittelklassehotel am Rand der Innenstadt; Bar und Restaurant. $$–$$$

Totem Lodge Motel
1335 Park Ave.
Prince Rupert, B.C. V8J 1K3
℡ 624-6761, Fax 624-3831
Außerhalb, an der Straße zur Fähre gelegen. $$

Park Avenue Campground
1750 Park Ave.
Prince Rupert, B.C. V8J 3R5
℡ 624-5861, Fax 627-8009
Einfacher Privatplatz nahe dem Fährterminal; auch für Zelte.

Boulet's Seafood & Chowder House
909 3rd Ave. W.
℡ 624-9309
Einfaches Restaurant mit ausgezeichneten, fangfrischen Fischgerichten. $$

Smiles Seafood Café
Cow Bay Rd.
℡ 624-3072
Ähnlich gut wie »Boulet's Seafood«. $$

Breakers Pub
117 George Hills Wy.
Quirlige Bar und Restaurant mit Blick über den Fischerhafen. $$

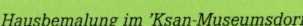

Hausbemalung im 'Ksan-Museumsdorf

16

Totems und Lachse

'Ksan Indian Village und
North Pacific Cannery Museum

*Traditionelle Schnitz-
kunst: Gitkan-Häuser
im 'Ksan Indian
Village*

In der klaren Morgenluft schweift der Blick vom Aussichtspunkt außerhalb Smithers weit über das Farmland und den Hudson Bay Mountain. Hoch oben am
Berg hängt in einem steilen Kar sogar ein kleiner Gletscher, der in zwei Wasserfällen die braungraue Felswand herabschmilzt. Am Horizont sind im Westen
bereits die Hazelton Mountains zu erkennen, denen

der Yellowhead Highway nun im waldreichen Tal des Bulkley River zustrebt.

Die vor uns liegende Region um den Zusammenfluß von Bulkley und Skeena River ist altes Indianerland. Schon um 1890 teilte die kanadische Regierung den hier ansässigen Stämmen kleine Reservate entlang der Flüsse zu, und in diesen Enklaven konnten sich trotz aller weißen Einflüsse politisch und kulturell eigenständige Gemeinschaften der *first nations* erhalten. Interessant ist dieses Gebiet auch, weil gerade hier die Grenze zwischen zwei Kulturkreisen der Urbevölkerung verläuft: zwischen den nomadischen Jägern und Sammlern des Landesinnern und den festansässigen, für ihre Schnitzkunst bekannten Indianern der Nordwestküste.

Eine kleine Missionskirche signalisiert den Beginn des ersten dieser Reservate, **Moricetown**, das nach einem römisch-katholischen Pionierpriester benannt ist. Babine-Indianer leben hier, eine Untergruppe der athabaskischsprachigen Carrier. Heute benennen sie sich allerdings wieder selbstbewußt in ihrer eigenen Sprache – We'tsuwe'ten. Sie gehören zwar zum Inlandskulturkreis, doch ähnlich wie bei den Küstenstämmen sind ihre wichtigste Lebensgrundlage die Lachse, die im Sommer zu Tausenden die Flüsse hochsteigen, um zu laichen.

Am **Moricetown Canyon** kann man im Juli und August die uralte Kunst des Lachsfangs eindrucksvoll beobachten. Hart am schäumenden Abgrund in der engen Schlucht des **Bulkley River** stehen die Indianer mit langen Stangen, an denen große Haken befestigt sind. Damit »fühlen« sie im tiefen Wasser am Fuß der Fälle nach Fischen. Ein Ruck, die Stange wird hochgezogen, und ein zappelnder Lachs hängt am Haken – eine effektive Methode.

Königslachse, hier auch *spring* oder *chinook salmons* genannt, sind es vorwiegend, die die muskulösen, tiefbraunen We'tsuwe'ten aus dem tosenden Wasser holen. Und nur die Indianer, für die es ja der Lebensunterhalt ist, dürfen nach altem Recht die Fische haken. Der Rekordlachs wurde hier angeblich während der 50er Jahre gefangen: ein *spring* mit 57 Kilogramm Gewicht. Allerdings ist die Zahl der

Lachse in den letzten Jahren stark zurückgegangen, so daß auch die Indianer das *gaffing* einschränken mußten und nun meist mit einfachen Keschern anrücken.

Auf der Weiterfahrt beginnt sich die Vegetation langsam zu verändern. Die Coast Mountains rücken näher, und es wird feuchter. Die Wiesen und Blumen am Straßenrand sehen saftiger aus, die Tannen, Birken und Eschen wachsen höher, grüner. Und dazwischen stehen schon die ersten Cedars, deren weiches, gut zu bearbeitendes Holz den Westküsten-Indianern ihr wichtigstes Schnitzmaterial lieferte.

Im modernen, »weißen« Dorf **New Hazelton** zweigt eine Seitenstraße zu den Reservaten von Old Hazelton ab. Vorüber an kleinen Missionskirchen und an verstreuten, für europäische Augen etwas verwahrlost aussehenden Häusern der Indianer geht es zur Brücke von Hagwilget, die sich hoch über den Bulkley River spannt. Hier am Fluß ist die Grenze zwischen dem traditionellen Stammesgebiet der We'tsuwe'ten und den zum Volk der Tsimshian gehörenden Gitksan-Indianern, die bereits zum Kulturkreis der Nordwestküste gezählt werden.

Auch die Gitksan lebten vom Lachsfang, verdienten sich aber schon lange vor dem Kommen der Weißen ein erkleckliches Zubrot durch den regen Handel zwischen der Küste und dem Inland. Muscheln für Schmuck, Fischöl, Pelze und Leder waren die wichtigsten Handelsgüter. Ihr relativer Wohlstand ließ den Tsimshian die nötige Muße, sich mit Schnitzerei und Schmuckwerk zu beschäftigen – Resultat waren hier wie bei anderen Nordwestküsten-Stämmen die berühmten Totempfähle. Zur Steigerung des Ansehens errichteten die mächtigsten Familien eines Dorfes diese kunstvoll verzierten Pfähle, die Familiengeschichte, Sagen oder bestimmte Ereignisse wie Krieg, Hungersnot oder Überschwemmung in Erinnerung halten sollten. Besonders reizvoll an den Reservatsdörfern um Hazelton ist, daß hier noch viele alte Pfähle in ihrer ursprünglichen Umgebung – also mitten im Dorf – erhalten geblieben sind.

Den besten Eindruck und Überblick von der Stammeskultur erhält der Besucher im **'Ksan-Museumsdorf**, das an der Mündung des Bulkley in den Skeena

River steht. Sieben traditionelle Gitksan-Plankenhäuser wurden auf der flachen Landzunge rekonstruiert. Draußen stehen zahlreiche bemalte Totempfähle aus der berühmten Schnitzschule des Dorfes, drinnen sind Ausstellungen und Werkstätten untergebracht. Im Souvenir-Shop gibt es Kunstdrucke und Schnitzwerk – teuer, aber original und von bester Qualität.

Nebenan liegt **Old Hazelton**, das 1866 als Posten der »Hudson's Bay Company« gegründet wurde. Der Bau einer Telegraphenlinie und ein – allerdings weniger erfolgreicher – Goldrausch ließen den kleinen Ort wachsen. Als jedoch die Bahnlinie 1914 am Südufer des Skeena River gebaut und New Hazelton als Station gegründet wurde, drohte ihm das Schicksal einer Geisterstadt. Später ließ gar noch der Yellowhead High-

Indianischer Lachsfischer in den Stromschnellen des Bulkley River

way das Städtchen links liegen. Doch Weiße wie Indianer wollten nicht vom Flußufer wegziehen. Old Hazelton überlebte, nur die Zeit verging ein bißchen langsamer, die moderne Highway-Hektik blieb dem verschlafenen Pionierstädtchen erspart. Gitksan, We'tsuwe'ten und Weiße lernten, friedlich und in gegenseitigem Respekt miteinander zu leben. 1959 wurde sogar die erste gemischte Schule für Indianer und Weiße eingerichtet. Dies heißt nun nicht, daß es Alkoholismus, zerrüttete Familien und andere Probleme nicht gäbe, aber es ist doch ein klein wenig besser als in anderen Reservaten Kanadas. Die Dörfer verwalten sich selbst mit eigener Stammespolizei; Landnutzung und Landbesitz werden derzeit neu überdacht – und der Alkoholismus geht sogar zurück.

Noch drei weitere Stopps lohnen sich im Gebiet von Hazelton: Einmal der kurze Spaziergang zum alten, pittoresk verwilderten Friedhof über dem Ort, wo traditionelle Geisterhäuschen und Grabsteine in Totempfahlform die überlieferte Religion der Indianer widerspiegeln.

Der zweite Stopp liegt bereits weiter westlich am Skeena River in **Kitwanga**. Gleich rechts auf der Nordseite der Brücke über den Skeena liegt ein anderes uraltes Dorf der Gitksan. An der Hauptstraße stehen einige Totempfähle und – als gutes Fotomotiv – die anglikanische **Missionskirche St. Paul's** von 1893 mit ihrem separaten hölzernen Glockenturm. Ein Besuch im Indianerdorf **Kitwancool** etwas nördlich von Kitwanga am Hwy. 37 lohnt noch, denn auch dort warten einige sehr schöne und alte Totempfähle.

Danach wird es einsamer, der Yellowhead Highway folgt dem breiter werdenden Skeena westwärts zum Pazifik und taucht in die bis in den Sommer schneebedeckten Küstenberge ein. Der nächste Ort ist **Terrace**, wo in den Sägewerken riesige Bretterstapel auf endlose Güterzüge verladen werden.

Westlich der emsigen Kleinstadt rücken Fluß, Highway, Bahn und Berge immer näher zusammen. Es ist nur eine ganz schmale Bresche, die der **Skeena River** durch die Granitwand der Coast Mountains brach; neben dem Fraser ist er an der kanadischen Westküste der einzige Strom, der dies geschafft hat. Der Skeena füllt das Tal völlig aus, beiderseits der Ufer ragen die meist nebelverhangenen Berge steil auf. *Skeena* ist eine Abwandlung des indianischen Wortes *'ksan* und bedeutet »Wasser aus den Wolken«. Ein Name, den der Fluß wohl verdient, denn schönes Wetter ist hier an der Küste rar, wo die regenschweren Wolken vom Meer hereinziehen und sich an den ersten Bergketten festhängen. Dafür wächst aber auch herrlicher, dichter Küstenwald, sprudeln Wasserfälle über die Klippen und verströmen die wabernden Nebelschwaden eine seltsam geheimnisvolle Stimmung im dunklen Forst.

Wetter und widriges Gelände machten auch den Eisenbahnbauern der »Grand Trunk Pacific Railroad« zu Anfang dieses Jahrhunderts das Leben schwer. Da die erste transkontinentale Bahnlinie unter der Regentschaft der konservativen Partei gebaut worden war, wollten sich nach dem Machtwechsel die Liberalen nun ebenfalls ein »Schienendenkmal« setzen – eine zweite, nördlichere Linie quer durch das Land. Doch es sollte ein enorm teures Unterfangen werden: Allein für die ersten 40 Kilometer von der Skeena-Mündung landeinwärts wurden in den Granit der Coast Mountains zwei Millionen Schuß Dynamit verpulvert. Die ersten 150 Kilometer Trasse kosteten je Kilometer über 50 000 Dollar – 1914 eine ganz beträchtliche Summe.

Abgeschreckt von diesen Kosten, ließen die späteren Straßenbau-Ingenieure den Highway auf den letzten Kilometern zum Meer weiter im Inland verlaufen. So klettert der Yellowhead nun über Granitkuppen weiter in Richtung Prince Rupert. Doch ehe man die Stadt erreicht, zweigt eine Seitenstraße nach **Port Edward** ab, einem alten Fischerort. Seltsam wellig und krumm ist dieses Sträßchen – das liegt am Alter, denn die einstige Dorfstraße am sumpfigen Küstensaum wurde aus quergelegten Holzstämmen gebaut. Später hat man einfach über das alte Holz asphaltiert.

Rechter Hand tauchen nach einigen Minuten Fahrt die rostigen Dächer des **North Pacific Cannery Museum** auf, einer authentischen Fischkonservenfabrik von 1889. Rund 400 Arbeiter lebten und schufteten während der 20er Jahre in der *cannery*; vorwiegend

◁ *Kunstvoll geschnitzter Eingang im 'Ksan-Museumsdorf*

151

Chinesen, Japaner und Indianer, nur die Vorarbeiter und Manager waren Weiße. Grundlage der profitablen Fischindustrie, die damals 19 solcher Dosenfabriken unterhielt, war der schier unerschöpfliche Lachs-Reichtum des Skeena River. Nach jahrzehntelangem Raubbau war jedoch auch der gewaltige Skeena überfischt, und die Lachsschwärme ließen nach, so daß die meisten Fischfabriken schlossen und der Fang heute nur noch streng reguliert ablaufen kann.

Nach dem Museumsbesuch noch die letzten Kilometer über Kaien Island bis Prince Rupert: An den Berghängen stehen dichte, stattliche Wälder, dazwischen in den Senken findet man wie zum Beispiel im Oliver Lake Provincial Park immer wieder nährstoffarme Sümpfe, deren verkrüppelte Kiefern kaum vier Meter hoch werden und doch über 100 Jahre alt sein können – natürliche Bonsai-Bäume.

Dann endlich das Ende des Highway und der Bahnlinie: **Prince Rupert**, Fischerort, Fährterminal, Tiefseehafen und wichtigste Stadt der Nordwestküste. Heilbutt- und Lachsfang bestimmen nach wie vor das wirtschaftliche Wohl der geschäftigen Stadt. Beste Gelegenheit, in einem Hafen-Restaurant den frischen Fang zu kosten. Derweil wird vor dem Fenster vermutlich der Regen nieseln – typisch Westküste. Hoffentlich klart das Wetter bis zur Seefahrt morgen früh auf.

Fjordlandschaft am Yellowhead Highway bei Prince Rupert

R O U T E 1 7 Programm: Fahrt mit der Fähre durch die Inside Passage (440 km/15 Std.)

Zeit	Route
6.30	Check-in am Fährterminal in **Prince Rupert**.
7.30	Abfahrt der Fähre
22.30	Ankunft der Fähre in **Port Hardy**.

Informationen

B.C. Ferry Corporation
1112 Fort St.
Victoria, B.C. V8V 4V2
✆ (250) 386-3431 und in Vancouver (604) 669-1211; 7–22 Uhr
Reservierung für die Fähre vor Ort. Am besten sollten die Plätze für die Fähre jedoch schon drei bis vier Monate vor Reisebeginn bei Ihrem Reisebüro gebucht werden, die Kapazitäten für Stand-by sind begrenzt (s. auch Serviceteil, S. 194 f.). Die Fähre ab Prince Rupert verkehrt im Sommer jeden zweiten Tag, im Winter einmal pro Woche.

Wichtig: An Fähr-Tagen sind die Hotels/Motels und Campgrounds in **Port Hardy** immer ausgebucht. Es empfiehlt sich, Reservierungen sofort nach bestätigter Buchung der Fähre vorzunehmen!

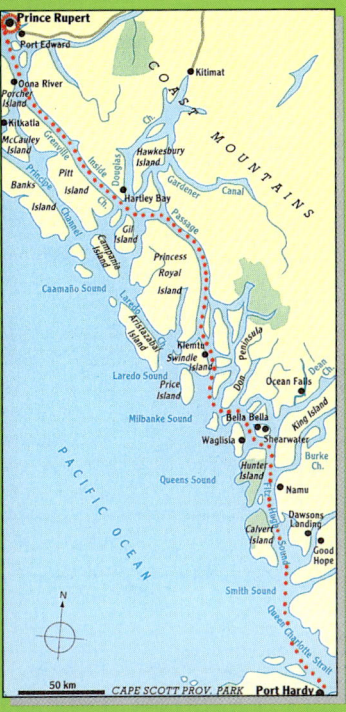

Port Hardy, B.C. **Vorwahl:** ✆ 250

Port Hardy Inn
9040 Granville St.
Port Hardy, B.C. V0N 2P0
✆ 949-8525, Fax 949-6248
Großes Hotel im Ort mit Restaurant, Hallenbad und Sauna. $$–$$$

Pioneer Inn
4965 Byng Rd.
Port Hardy, B.C. V0N 2P0
✆ 949-7271, Fax 949-7334
Einfaches Motel etwas außerhalb, Restaurant im Haus. $–$$

Glen Lyon Inn
6435 Hardy Bay Rd.
B.C. V0N 2P0
✆ 949-7115, Fax 949-7415

Einfaches Hotel; Zimmer und Restaurant mit Blick aufs Meer. $$

Wildwoods Campsite
An der Straße zum Fährhafen
✆ 949–6753
Privater Platz an der Bucht.

Quatse River Campground
Hardy Bay Rd. (neben Salmon Hatchery)
✆ 949-2395
Privater Platz 10 Min. von der Fähre; mit Waschsalon.

Sunny Sanctuary Campground
Am Quatse River, 1 km nördlich der Abzweigung der Straße zum Fährhafen vom Hwy. 19, ✆ 949-8111
Mit Waschsalon und Laden; auch für Zelte.

17

»Sehfahrt« durch die Inside Passage

Kunst aus Holz: Adlerfigur auf einem Totempfahl

Heute heißt es früh aufstehen. Kurz nach Mitternacht, so scheint es zumindest, muß man sich bereits an der Ladestation der Fähre einfinden. Ringsum wird allseits gegähnt. Thermoskannen mit Kaffee kreisen, während das Schiffspersonal auf dem Parkplatz die Fahrkarten kontrolliert und die Propangasflaschen der Wohnmobile versiegelt.

Dabei ist es längst heller Tag, da während des Sommers hier im Norden die Sonne schon um vier Uhr aufgeht. Sie verbirgt sich nur noch hinter einigen Nebelschwaden, die durch den Hafen von Prince Rupert driften. Dazwischen blitzt immer wieder blauer Himmel hervor. Mit etwas Glück wird es ein sonniger Tag – was eigentlich eher untypisch wäre. Denn dies ist Kanadas Regenküste. Die nach langer Reise über den Pazifik vollgesogenen Wolken prallen hier auf die Coast Mountains und übergießen sie mit ihren Wasserfluten.

Die Vegetation freut das, denn nur durch das extrem feuchte Klima konnten einzigartige Regenwälder entlang der Küste entstehen. Turmhohe Douglasien, Sitka-Tannen und meterdicke Cedars säumen die Ufer und überziehen die Berge mit einem dichten grünen Pelz. Eine wilde, zerrissene Küste ist es, die sich gegen jede moderne Erschließung sperrt. Allein schon die Zahlen belegen, wie fjordreich diese Region ist: In Luftlinie sind es vom 49. Breitengrad bis zur Grenze nach Alaska – etwa von Vancouver bis Prince Rupert – nur 800 Kilometer, die Küstenlinie des Festlandes umfaßt jedoch, alle Buchten eingerechnet, 20 000 Kilometer! Hier Straßen zu bauen, wäre horrend aufwendig.

Uns Touristen kann die mangelnde Erschließung nur freuen, denn dadurch blieb die kanadische Pazifikküste – bis auf die schmerzlichen Wunden, die die Holzindustrie schlägt – von Zivilisation, Asphalt und

Auf der Fähre durch die Inside Passage

Beton verschont. Und eine gemütliche Fährfahrt durch das grüne Insellabyrinth ersetzt das Kilometerfressen am Highway. Die Route führt entlang der berühmten **Inside Passage**, einem geschützten Seeweg durch die Schären, dem vor 100 Jahren die Goldsucher auf dem Weg zu den sagenhaften Schätzen am Klondike River bei Dawson City von Seattle aus nach Norden folgten. Bis heute ist diese Wasserroute der wichtigste Transportweg nach Alaska.

Leinen los! Pünktlich um halb acht ist es soweit. Die »M.V. Queen of the North« schiebt sich aus dem Hafenbecken und nimmt Fahrt auf. Fischerboote kreuzen, am Ufer gleiten die Silos des Getreidehafens von **Prince Rupert** vorüber. 200 000 Tonnen Weizen können dort gelagert und in kürzester Zeit computergesteuert auf Frachtschiffe verladen werden.

Zunächst wird man sich auf dem Schiff umsehen: Zuunterst liegt das Autodeck, darüber die »Eßetage« mit einer Self-Service-Cafeteria achtern und einem Restaurant im Bug, wo gerade das Frühstücksbuffet angerichtet wird. Darüber liegen Aufenthaltsräume und noch weiter oben das Sonnendeck, wo trotz der morgendlichen Kühle bereits einige der Liegestühle belegt sind. Das Fährschiff ist zwar für 750 Passagiere

ausgelegt, faßt jedoch nur 157 Fahrzeuge. Und da die meisten Reisenden mit dem Wagen kommen, sind die Sitzplätze im Restaurant oder am Aussichtsdeck fast nie voll. Übrigens ist die »M.V. Queen of the North« für manchen vielleicht eine alte Bekannte – sie wurde in Deutschland gebaut und fuhr von 1969 bis 1974 auf der Ostsee.

Stunde um Stunde pflügt das Schiff durch die dunklen Wellen. Gerade am Anfang der »Sehfahrt« spürt man, daß die bewegte Perspektive einmal nicht aus dem Auto stammt. Keine Schilder, keine Ampeln, nur gemächliches Gleiten und gelassenes Betrachten. 15 Stunden lang blaues Wasser und glitzernde Wellen, kleine Inseln, große Inseln, blaugrüne Hügelzüge in der Ferne. Beruhigend fürs Auge und fürs Gemüt.

Langweilig wird es auf der 440 Kilometer langen Strecke trotzdem nicht: Waren eben noch die grünen Ufer in weiter Ferne, rückt plötzlich ein von braunem Tang umkränztes Inselchen dicht an die Schiffswand heran. Rot-weiße Leuchttürme krönen in unregelmäßigen Abständen die Felsklippen, manchmal schnaufen große Lastkähne mit Fracht für Alaska oder einer braungelben Ladung Holz-Chips für eine Zellulosefabrik vorüber.

Ein Wechselspiel von Licht und Landschaft – nachmittags …

Auch die Fauna kommt auf der Fahrt nicht zu kurz. An den felsigen Ufern sind manchmal Seelöwen zu

beobachten, Tümmler reiten spielerisch auf der Bugwelle des Schiffes. Am späten Vormittag durchfährt das Schiff den **Grenville Channel**, eine 70 Kilometer lange Meeresenge, in der die bewaldeten Ufer zum Greifen dicht an die Reling heranrücken. In den abgestorbenen Bäumen sitzen hier oft Weißkopfseead-

… *und abends*

ler. Und will man gerade mal im Liegestuhl eindösen, kommt garantiert der Schrei: »Ein Wal, dort bläst er!« Buckelwale sind es, die in den kühlen, planktonreichen Gewässern des Nordens den Sommer verbringen. Im Winter ziehen sie nach Süden vor die Küste Mexikos oder nach Hawaii.

Am Spätnachmittag passiert die Fähre **Bella Bella**. Der kleine indianische Ort mit Fischerhafen und Sägewerk ist eine der wenigen Siedlungen an diesem Teil der Westküste. Früher war das noch anders, da standen Hunderte von Dörfern mit Konservenfabriken und Sägewerken in den geschützten Buchten entlang der Küste. Eine ganze Flotte von Dampfern brachte Versorgungsgüter und stellte den Kontakt zur Außenwelt her. Doch die Einführung von Kühlschiffen und die moderne zentralisierte Holzwirtschaft machten diese *camps* und Dörfer überflüssig. So ist die Küste heute fast völlig entvölkert. Nach Bella Bella wird es Zeit zum Abendessen. Seeluft macht hungrig. Und nach der Schlacht am Buffet lockt wieder der Aussichtsplatz an der Reling: Vom offenen Meer der **Queen Charlotte Strait** aus sind im Abendlicht die schneebedeckten Gipfel der Coast Mountains besonders eindrucksvoll. Wie Scherenschnitte steigen kleine Inseln aus dem Nebel. Im Westen versinkt die Sonne in einer glutroten Farbensymphonie hinter den Hügeln von Vancouver Island. Würdiger Abschluß einer Seefahrt.

Map showing the route from Port Hardy to Campbell River on Vancouver Island, British Columbia, with locations including Port Hardy, Fort Rupert Cast., Port McNeill, Alert Bay, Telegraph Cove, Beaver Cove, Sayward, Campbell River, and Strathcona Prov. Park.

km	Zeit	Route
0	8.00	Abfahrt in **Port Hardy** auf dem Hwy. 19 nach
70	9.00	**Telegraph Cove**; Bootstour zu den Schwertwalen im Robson Bight Ecological Reserve in der Johnstone Strait; weiter nach
272	18.30	**Campbell River**.

ROUTE 18   Informationen

Stubbs Island Charters
Telegraph Cove, B.C. V0N 3J0

✆ (250) 920 3186 und (900) 665-3066
Ende Juni–Anfang Okt. tägl. 5stündige Bootstouren zu den Schwertwalen im Robson Bight Ecological Reserve in der Johnstone Strait. Genaue Abfahrtszeiten erfragen; einige Tage vorab buchen. Weitere Touren werden von Sayward vom Südende der Johnstone Strait aus angeboten; ca. $ 60.

Sea Smoke
P.O. Box 483, Alert Bay
Port McNeill
✆ (250) 974-5225, Fax 974-2266

Alternative zur Motorbootfahrt: ganz-
tägiger Segeltörn zu den *Orcas*. Abfahrt
am Dock in Port McNeill; ca. $ 80.

Campell River, B.C.   Vorwahl: ✆ 250

Painter's Lodge
P.O. Box 460, Dept. 2, 1625 MacDonald Rd.
Campell River, B.C. V9W 5C1
✆ 286-1102, Fax 598-1361
Gutes Restaurant und Bar mit Blick
übers Meer und moderne Lodge; eigener
Pier und Boote zum Lachsangeln.
$$–$$$

Marina Inn Resort
1430 South Island Hwy.
Campell River, B.C. V9W 1B7
✆ 923-7255, Fax 923-4429
Sauberes Motel mit Meeresblick und
Restaurant. $$

Super Eight Motel
340 South Island Hwy.
Campell River, B.C. V9W 1A5
✆ 286-6622
Einfaches Kettenhotel nahe der Innen-
stadt. $–$$

Elk Falls Provincial Park
Am Hwy. 28, westlich von Campbell River
Großer Provinz-Campground am Quinsam
River; Wanderwege, Wasserfälle.

Parkside Campground
Am Hwy. 28, 5 km westlich von Campbell
River
✆ 287-3113
Ruhiger Privatplatz am Waldrand.

Panache Restaurant
1090 Shoppers Row
✆ 830-0025
Ausgezeichnete Westcoast-Cuisine. $$

Flotter Schwimmer: Schwertwal

18

Die singenden Wale von Telegraph Cove

»Seid Ihr zum Fischen hier oder zum Holzfällen?« fragt die stämmig-derbe Bedienung im *coffee shop* von Port Hardy direkt heraus. Tja, eigentlich weder noch. »Dann lebt Ihr wohl von der Sozialhilfe?«

So einfach ist das im wald- und fischreichen, aber strukturarmen Norden von **Vancouver Island.** Entweder man arbeitet auf einem der Fischerboote oder schuftet in der Holzindustrie. Wenn nicht, dann ist man arbeitslos in Port Hardy. Die Touristen, die sich hierher verirren, sind immer nur auf der Durchreise. Sie übernachten einmal und gehen dann auf die Fähre nach Norden, oder sie sind rucksackbepackte Wildnisfans, die weiterziehen zu den Regenwäldern und Felsstränden von Cape Scott an der äußersten Nordspitze der Insel.

Glitzernde Lichtspiele: Fjordlandschaft im Norden von Vancouver Island

Auch unsere nächste Attraktion liegt bereits 70 Kilometer weiter südlich in **Telegraph Cove**. Der winzige, malerisch ans Ufer einer kleinen Bucht gebaute Fischerhafen ist in den letzten Jahren zum Mekka der Walfreunde geworden. Aus aller Welt pilgern sie hierher, um Schwertwale in ihrem natürlichen Lebensraum zu besuchen. Am Ende des hölzernen Piers ist die heutige Gruppe der »Walfänger«

Augen auf: Wo sind die Wale?

bereits versammelt, bewaffnet mit Teleobjektiven und Ferngläsern. Viele junge Kanadier und Amerikaner sind darunter, aber auch ein älteres Ehepaar aus Neuseeland und ein Zahnarzt aus Krefeld.

Im Gänsemarsch geht es die *gangway* hinab, und alle klettern in das geräumige Aussichtsboot. Dann steuert Skipper Bill McKay aus der kleinen Bucht hinaus in das Inselgewirr zwischen Vancouver Island und dem Festland. Unser Ziel ist die **Johnstone Strait**, wo von Mai bis Oktober eine »festansässige« Herde von Schwertwalen lebt.

Noch ist allerdings nichts zu sehen. Nebelfetzen driften unter verhangenem Himmel zwischen den grünen Inseln, schaffen eine gespenstische, geheimnisvolle Stimmung. Es würde nicht verwundern, wenn gleich ein großes, geschnitztes Holzkanu mit maskenvermummten Indianern aus dem Dunst auftauchen würde. Dies ist das traditionelle Stammesgebiet der Kwakiutl, stolze Lachsfischer seit Jahrtausenden. In ihrem Reservatsdorf **Alert Bay**, wenige Kilometer nördlich von Telegraph Cove, stehen bis heute die schönsten Totempfähle der Westküste.

Plötzlich hängen alle Augen gebannt an einer kleinen Sprühwolke, die einige hundert Meter voraus knapp über dem Wasser hängt. Daneben taucht eine schwarze Finne aus den Wellen auf, eine weitere Sprühwolke, noch eine Finne und noch eine. Acht, zehn, nein elf Wale steuern auf uns zu. Dann sind sie plötzlich ganz nah. Schwarzglänzende, glatte, schimmernde, muskulöse Körper. In harmonischem Auf und Ab tauchen die spitzen, dreieckigen Rückenflossen aus dem Wasser auf. Spielerisch ziehen sie Kreise ganz nahe am Boot, und einmal springt sogar ein kleinerer Wal hoch aus dem Wasser, läßt sich in seinem schwarz-weißen Frack bewundern und platscht wieder zurück in die Fluten. Ganz still wird es da an Bord, fast andächtig. Man kann sich gar nicht sattsehen an den eleganten Kraftpaketen.

Bill stellt den Motor ab, während die Wale langsam zwischen Boot und Ufer vorbeiziehen. Dann ruft er alle auf die Bugplattform und erzählt von der Lebensweise dieser Tiere, die vor allem als gelehrige Showstars in Ozeanarien berühmt wurden (wo sie allerdings ein trauriges Dasein fristen).

Die in allen Weltmeeren verbreiteten *orcas* gehören zur Gruppe der Zahnwale und sind die größte Art in der Familie der Delphine. Schwertwale, wie sie auch genannt werden, leben in engen Sippenverbänden. Die bis zu zehn Meter langen, elf Tonnen schweren Bullen werden an die 50 Jahre alt, die kleineren Weibchen sogar 80 bis 90 Jahre. Die markante Rückenflosse der Bullen kann fast zwei Meter hoch werden. Doch all die imponierende Größe nützt nichts – wie bei den Elefanten an Land wird die Herde immer von der ältesten, erfahrensten Orca-Dame geführt. Ohne Widerspruch. Gemeinsam jagen sie Fischschwärme, Robben und anderes Meeresgetier, gemeinsam spielen sie, schlafen sie und ziehen sie durch ihr Revier. Eine sehr gesellige Spezies. Der Nachwuchs kommt übrigens – nach einer Tragzeit von 16 Monaten – schon mit über zwei

Nur Wissenschaftler dürfen sich den »orcas« nähern, sonst gilt Abstand halten

Metern Länge und einem Gewicht von 180 Kilogramm zur Welt. Echte Riesenbabies.

Mittlerweile ist die Herde weitergezogen. Bis zu 50 Stundenkilometer schnell können die bulligen Riesen schwimmen, meint Bill. Aber heute trödeln sie und warten auf uns. Wir folgen den Walen ein Stück, immer in respektvollem Abstand. Dann stellt Bill den Motor wieder ab und hängt ein Unterwassermikrophon über Bord. Stille unter Wasser?

Der General Store an der Telegraph Cove gibt sich ganz traditionell

Von wegen. Sonderbare, schrille Klicks, abgestuftes Pfeifen, hohes Singen dringen aus dem Lautsprecher. Die Orcas benutzen die Klicks als Echolot, um Fische zu orten, erklärt Bill. Durch die Pfeiftöne, die wie knarrende Türen oder Kreide auf der Schultafel klingen, verständigt sich die Sippe untereinander.

Tja, und dann wäre da noch die Sache mit dem nicht ausrottbaren Negativ-Image der *killer whales*, der »Mörder der Meere«. Menschenfressend und unersättlich blutrünstig sollen sie sein und wurden deshalb früher von Walfängern und Fischern abgeknallt. Nun, ein Angriff auf ein Boot kam bisher an der ganzen Westküste nur einmal vor – als Waljäger eines Aquariums einen *orca* fingen und sich das Netz in der Schiffsschraube verfing. Sogar im Wasser schwimmende Menschen wurden von Schwertwalen noch nie angegriffen – eine fette Robbe ist bestimmt viel leckerer. Aggressionen oder Kämpfe innerhalb einer Sippe oder zwischen verschiedenen Herden wurden ebenfalls noch nie beobachtet.

Bis zum Nachmittag folgen wir der Herde, die gemächlich nach Südosten in Richtung **Robson Bight** wandert. Diese Meeresbucht ist ein beliebter Rastplatz der Wale, in der sie sich am rauhen Kieselstrand den Bauch scheuern. Die Provinzregierung hat die Region vor einigen Jahren zum Schutzgebiet erklärt. Zurück an Land: Nur ein paar Kilometer von Telegraph Cove

passiert die Straße **Beaver Cove**, wo eine große Holz-
sortieranlage steht. Vom Aussichtspunkt über der
Bucht kann man die kleinen Boote beobachten, die
immer neues Holz heranbugsieren, und die Kräne, mit
denen die Stämme nach Holzarten getrennt werden.
Wo das Holz herkommt, wird bald klar. Auf der Fahrt
nach Süden auf dem Highway 19 klaffen riesige Kahlschläge wie offene Wunden an den Berghängen. Heute
ist bereits der größte Teil der Urwälder auf Vancouver
Island abgeholzt – einer fast 500 Kilometer langen
Insel, mit 32 000 Quadratkilometern fast so groß wie
Nordrhein-Westfalen.

Seit in den letzten Jahren die Proteste der Umwelt-
schützer immer lauter werden, steuert die Forstindustrie gegen – mit Imagepflege. Überall am Straßenrand
stehen nun Schilder, die anzeigen, wann abgeholzt und
wann wieder aufgeforstet wurde. Der Highway 19 wird
zum Lehrpfad in Forstkunde. Sehr löblich – aber die
wilde, ursprüngliche Schönheit der einstigen Urwälder
ist dahin. Dafür qualmt einige Kilometer nördlich von
Campbell River ein gewaltiges Zellulosewerk. Immerhin stellt die Holzindustrie ein Viertel aller Arbeitsplätze in British Columbia. Die Kontroverse zwischen
Naturschutz und Wirtschaft ist damit vorprogrammiert.

Der bunte, etwas zusammengewürfelt wirkende
Fischerort **Campbell River** selbst will vom Holz nicht
so viel wissen. Sein Stolz ist der Titel »Lachshauptstadt
Kanadas«. Über 30 Kilogramm schwere Pracht-
exemplare von Königslachsen holen die
Sportfischer aus dem turbulenten Wasser vor der Mündung des Campbell
River. Auf den kleinen Inseln ringsum
stehen teure Luxus-Lodges, die den
Petrijüngern aus aller Welt zum Traumurlaub verhelfen. In schrillfarbenen
Regenjacken sitzen die *aficiónados*
stundenlang in ihren kleinen Booten
und warten auf den großen Biß. Man
kann am Abend noch auf dem städtischen Pier bummeln und zusehen, wie
die Angler ihre Beute einholen und mit
stolzgeschwellter Brust wiegen. Vielleicht wird es ein neuer Rekord …

Hier wirkt er ganz klein, der Hafen von Campell River – der Lachshauptstadt

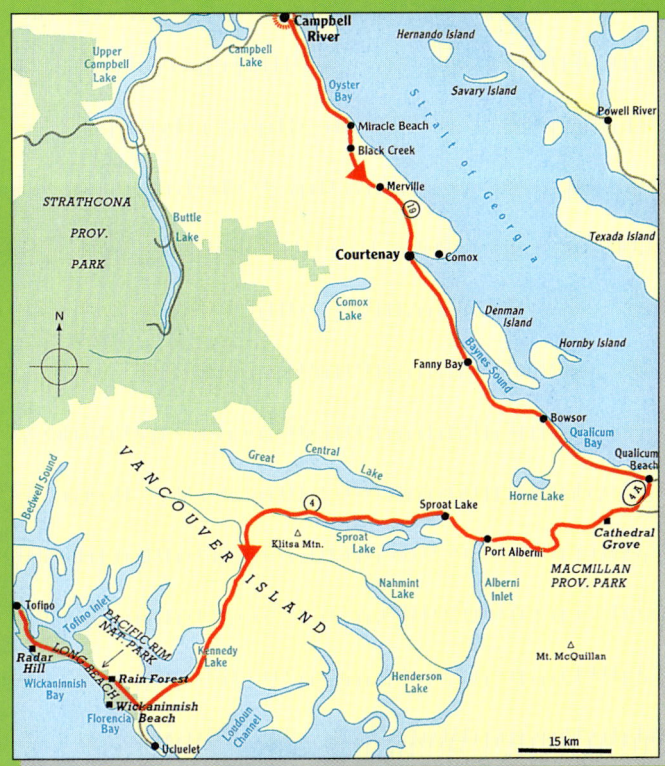

km	Zeit	Route
0	9.00	Abfahrt von **Campbell River** auf dem Hwy. 19 nach
106		**Qualicum Beach**, rechts abbiegen auf den Hwy. 4 A, bis zur
114		Einmündung auf den Hwy. 4 West (Richtung Port Alberni).
130	11.00	Spaziergang durch **Cathedral Grove** im **MacMillan Provincial Park.**
	12.00	Weiterfahrt über **Port Alberni** nach
245	14.00	**Wickaninnish Beach** im **Pacific Rim National Park**; hier Lunch und Spaziergang auf dem **Bog Trail.**
249	15.30	Spaziergang auf dem **Rain Forest Trail**
255	16.30	Strandspaziergang am Nordende des **Long Beach**
263	18.00	Rundblick vom **Radar Hill**, weiter nach
276	18.30	**Tofino.**

Cathedral Grove
Im MacMillan Provincial Park, am Hwy. 4
Ein Wald mit 800 Jahre alten und 75 m
hohen Douglas-Fichten.

 The Wickaninnish
Im Visitor Centre am Wickaninnish
Beach Blick auf die Bay und den Strand;
gute Sandwiches und Salate. $–$$

Tofino, B.C.	Vorwahl: ✆ 250

Wichtig: Während der sommerlichen
Ferienzeit Hotelzimmer oder Campgro-
und in **Tofino** möglichst **frühzeitig
reservieren!**

 Wickaninnish Inn
Chesterman Beach, P.O. Box 250
Tofino, B.C. V0R 2Z0
✆ 725-3100, Fax 725-3110
Luxuriöser Inn, spektakulär auf einer
Klippe gelegen. Hervorragendes Restau-
rant. $$$–$$$$

 Best Western Tin Wis
1119 Pacific Rim Hwy., Box 389
Tofino, B.C. V0R 2Z0
✆ 725-4445
Angenehmes Mittelklassehotel direkt
am Strand. Restaurant.
$$–$$$

 Bella Pacifica Campground
Am Mackenzie Beach
✆ 725-3400
Schöner Privatplatz am Meer mit Wan-
derwegen, Duschen, Waschsalon.

 Schooner Restaurant
331 Campbell St.
✆ 725-3444
Nautisches Dekor, gute Küche.
$–$$$

 The Loft
346 Campbell St.
✆ 725-4241
Rustikales Fischrestaurant im Zentrum.
$–$$

Leben am Gezeitengürtel: Seesterne und Seeanemonen

Vom Sonnenstrand zum Regenwald

Von Campell River nach Tofino

Am Morgen, bei der Weiterfahrt nach Süden, kann man sie schon wieder sitzen sehen – die fanatischen Petrijünger von Campbell River. In bunten Grüppchen scharen sie sich in ihren winzigen Booten um gewisse Stellen in der Meeresenge vor der Stadt. Dort wurden in den letzten Jahren die größten Königslachse aus dem Wasser geholt, und dort rechnen sich die geduldigen Angler die größten Chancen aus. Denn nur mit einem Tyee-Königslachs von mehr als 30 Pfund Gewicht, der vom Ruderboot aus mit einer fadendünnen Schnur gefangen wurde, haben sie das Recht, dem prestigeträchtigen Tyee-Angelklub beizutreten – hierzulande die höchste Auszeichnung für einen Sportangler.

Schön aber stachelig: »devil's club«

Wir überlassen Lachse und Angler ihrem Schicksal und folgen dem Island Highway 19 die Küste entlang nach Süden. Auch weiterhin begleiten bewaldete Hügel die Straße im Westen. Nach Osten dehnen sich die graublauen Fluten der Strait of Georgia aus, einem breiten, stillen Binnenmeer, das durch das gebirgige Bollwerk der Vancouver-Insel von den Brechern des Pazifik abgeschirmt wird und nur durch schmale Kanäle im Norden und Süden mit dem offenen Ozean in Verbindung steht. Ein Dorado für Segler.

Immer häufiger tauchen nun kleine Siedlungen am Straßenrand auf, alte Holzfällercamps, in denen sich neuerdings Ferienhäuser breitmachen. Immer dichter wird der Verkehr, und immer öfter preisen Werbeplakate die Vorzüge irgendeines Restaurants oder Souvenir-Shops an. Die Zivilisation hat uns wieder.

Sogar die Landschaft und das Klima werden lieblicher, zivilisierter. Die bis 700 Meter hohen Island Ranges im zentralen Teil von Vancouver Island werfen einen langen Regenschatten auf die Ostküste der

Insel. Richtig sonnig, fast mediterran, ist es hier, und das Meer vor den flachen, sandigen Stränden heizt sich im Sommer zu angenehmen Badetemperaturen auf. Kein Wunder, daß dieser geschützte Küstenabschnitt zur beliebten »Westcoast-Adria« der sonnenhungrigen Kanadier aufgerückt ist.

In **Qualicum Beach** wird man endgültig eingeholt von der modernen Ferien-Realität: Strandmotels, schrille Minigolfplätze, Hamburger-Lokale und Eisstände. Ferienstimmung allerorts mit skateboardfahrenden Blondschöpfen und schicken Girls in Cabrios. Wie ruhig waren doch die Wälder des Nordens. Wer dem lockenden Badevergnügen jetzt nicht erliegt, kann stracks nach Westen flüchten an die rauhe Pazifikküste – zu einem letzten Abstecher in die Wildnis.

Der erste grüne Fluchtpunkt wartet schon wenige Kilometer weiter am Highway 4: **Cathedral Grove** im **MacMillan Provincial Park**. Dies ist eines der letzten ursprünglichen Waldstücke an der Ostflanke der Island Ranges und gibt einen Eindruck davon, wie der gesamte Südteil von Vancouver Island noch vor 100 Jahren ausgesehen haben muß.

Schon über dem Parkplatz am dichtbefahrenen Highway türmen sich die hölzernen Giganten. Auf dem kurzen Spazierweg ist man dann schnell umfangen von der kühlen Stille zwischen den kirchturmhohen Stämmen. Über 800 Jahre alt und gut fünf Meter dick sind die größten Douglasien dieses Hains und mehr als 70 Meter hoch. Dazwischen stehen mächtige Cedars. Der dunkle Waldboden ist überwuchert von Farnen, und nur am Fluß, der den Park durchzieht, reicht die Sonne bis auf den Grund der tiefgrünen Baumschluchten.

Port Alberni, der nächste Ort, liegt bereits offiziell an der Westküste, denn ein tiefer Fjord schneidet hier 50 Kilometer weit ins Landesinnere und schenkt der Stadt sogar einen Tiefseehafen. Angelockt von der günstigen Verkehrslage bauten weiße Pioniere bereits 1864 das erste Sägewerk am Ende des Fjords. Aus der Holzfällersiedlung entstand – wie so oft in Kanada – später die Stadt.

Die Konsequenzen dieser seit über 100 Jahren florierenden Industrie werden auf der Weiterfahrt in Richtung Pazifikküste erschreckend deutlich: Kilome-

Spaziergang im Wald der Giganten: Cathedral Grove im MacMillan Provincial Park

terweit säumen abgeholzte Hügel den Highway, ständig rollen hochbepackte Holzlaster vorüber, und erst weit draußen an der Küste kommt wieder alter, unberührter Wald in Sicht.

Der Westen ist die Wetterseite von Vancouver Island, vom offenen Pazifik peitschen eisige Winterstürme über das Land herein, rollen die gewaltigen Brecher an die zerrissene Küste. Bis zu 5 000 Millimeter Niederschlag prasseln pro Jahr auf die Westseite der Insel herab. Und sogar im Sommer ist die Region oft nebelverhangen. Ideale Bedingungen also für einen üppig grünenden Regenwald und für einen einsamen, wildromantischen Landstrich am Stillen Ozean, an dem hier so gar nichts Stilles ist. Die felsigen, nebeligen Steilufer und die stürmische See wurden nämlich schon so vielen Schiffen zum Verhängnis, daß dieser Küstenabschnitt sich seinen ominösen Titel »Grab des Pazifik« wohl verdiente.

Morgennebel bei Tofino

Dies ist die klimatische und landschaftliche Kulisse für den **Pacific Rim National Park**, ein schmales, langgestrecktes Naturschutzgebiet entlang der Küste, das eigentlich aus drei Teilen besteht: Im Süden liegt der **West Coast Trail**, ein 75 Kilometer langer Wildniswanderweg, der dem alten Pfad der Schiffbrüchigen an der Küste folgt. Nördlich davon liegen in der Meeresbucht des Barkley Sound die **Broken Group Islands**, ein Paradies für Angler und Kajakfahrer. Weniger abgelegen (und auch als einziger Teil des Nationalparks per Auto erreichbar) ist schließlich der Abschnitt **Long Beach**, den der Highway 4 durchquert.

Das Visitor Centre am Wickaninnish Beach auf einer Klippe über der tosenden Ozeanbrandung vermittelt den ersten Einstieg in das vielfältige Meeresleben des Nordpazifik. Von Grauwalen, die hier vor der Küste leben, von Seelöwen, Ottern und Riesentang ist da die Rede. Unglaublich, was sich da im klaren kalten Wasser alles tummelt. In den kleinen Felsbuchten hinter dem Besucherzentrum kann man bei Ebbe einige Vertreter dieser Meeresfauna live in Augenschein nehmen: In der Gezeitenzone kleben scharenweise rote und violette Seesterne an den Felsen, huschen kleine Krabben emsig über die glänzenden Steine.

Auch an Land zeigt der Park beeindruckende Vielfalt. Der **Bog Trail** führt durch einen typischen Sumpf, in dem sich uralte Kiefern, manche schon zu weißen Ruinen verblichen, gequält gegen den Wind stemmen, und wo fleischfressender Sonnentau auf unvorsichtige Insekten lauert. Noch eindrucksvoller ist aber der **Rain Forest Trail** ein Stück weiter nördlich. Vorbildlich wie immer haben die *park wardens* dort einen Brettersteig durch den dichten nebelfeuchten Regenwald gelegt, vorüber an bemoosten Giganten, an deren Ästen sich Epiphyten, Luftwurzler, festklammern, und an undurchdringlichem, dornigem Unterholz. Jahrtausendealter Wald ist dies, der durch die hohe Feuchtigkeit nie Waldbrände erlebte und sich seit der Eiszeit kaum veränderte.

Die letzte Wanderung des Tages bringt uns schließlich hinaus ans Meer, an den eigentlichen **Long Beach**, den 19 Kilometer langen Strand des National-

Pacific Rim National Park

Größe: 510 km^2

Gründungsjahr: 1970

Lage: an der Westküste von Vancouver Island, rund vier Fahrstunden von Victoria

Sehenswürdigkeiten: reiches Meeresleben (Seelöwen- und Robbenkolonien), lange Strände und Regenwälder im Nordteil des Parks (Long Beach Section), Lehrpfade (Rain Forest Trail, Bog Trail), 75 km langer Wildniswanderweg West Coast Trail (Reservierung für die ca. 5tägige Wanderung ist vorab unbedingt nötig, ✆ (800) 663-6000).

Einrichtungen: Visitor Centre am Parkeingang nahe Ucluelet, Museum und Restaurant am Wickaninnish Beach, Camping- und Picknickplätze; Bootstouren von Port Alberni mit der »M.V. Lady Rose«

Info-Adresse: Superintendent, Pacific Rim National Park, P.O. Box 280, Ucluelet, B.C. V0R 3A0, ✆ (250) 726-7721, im Sommer ✆ 726-42 12

parks. Am Saum des Wassers, wo der dunkle Sand bretthart ist, läßt es sich gut laufen.

Ununterbrochen schlagen die Brecher aus der Weite des Ozeans wie der »Blanke Hans« mit dumpfen Grollen auf die Küste ein. Der salzige Wind trägt aus der Ferne von den kleinen vorgelagerten Inseln das Bellen der Seelöwen herüber. Riesige Stämme, umgestürzte Baumleichen aus den Uferwäldern, liegen ausgebleicht im dunklen Sand. Dazwischen kringeln sich lange Tangstränge wie Peitschen im Wurzelwerk.

Vom 96 Meter hohen **Radar Hill** bietet sich noch ein krönender Abschlußblick über die Berge der Island Ranges, das Inselgewirr des Tofino Inlet im Norden und die langen Strände im Süden von Vancouver Island. Dann geht es weiter zum Tagesziel **Tofino**, dem hübsch gelegenen kleinen Fischerort am Ende des Highway.

Im Hafen von Tofino

km	Zeit	Route
0	9.00	Abfahrt von **Tofino** auf dem Hwy. 4 East (s. Karte S. 165) bis
172	12.00	**Parksville**; weiter auf dem Hwy. 19 South nach
207		**Nanaimo**. Einmündung in den Trans-Canada Highway (Hwy. 1), weiter
242	13.00	nach **Chemainus**; Besichtigung der Wandgemälde und Lunch. Weiterfahrt auf dem Hwy. 1 Richtung Duncan.
258	15.00	Besuch des **B.C. Forest Museum** 2 km vor Duncan (ca. 1 Std.)

km	Zeit	Route
260	16.30	**Duncan**, Besuch im **Native Heritage Centre**; auf Hwy. 1 zum
289	18.00	**Malahat Summit**
319	19.00	Ankunft in **Victoria** (Inner Harbour Area).

ROUTE 20 Informationen

B.C. Forest Museum
Am Hwy. 1, 2 km nördlich von Duncan
℃ (250) 746-1251
Mai–Sept. tägl. 9.30–18 Uhr, Eintritt $ 7
Sehr schöne Anlage mit alten Maschinen und Ausrüstungen für das Holzfällen. Rundfahrten mit der Dampflok-Kleinbahn.

Native Heritage Centre
200 Cowichan Wy.
Duncan, 1 Bock westlich des Hwy. 1
℃ (250) 746-8119
Im Sommer tägl. 9.30–17.30, sonst 10–16 Uhr, Eintritt $ 7.25
Museum und Kulturzentrum der Cowichan-Indianer; Tanzaufführungen; Kunsthandwerksladen und Restaurant.

Victoria, B.C.   **Vorwahl:** ℃ 250

Victoria Travel Infocentre
812 Wharf St.
℃ 953-2033
Infos über Victoria und Umgebung; auch Hilfe bei der Zimmersuche.

The Empress
721 Government St.
Victoria, B.C. V8W 1W5
℃ 384-8111, Fax 381-4334
1989 renoviert; **die** Adresse in Victoria.
$$$$

Admiral Motel
257 Belleville St.
Victoria, B.C. V8V 1X1
℃ 388-6267, Fax 388-6267
Im Inner-Harbour-Gebiet. $$$

Cherry Bank Hotel
825 Burdett Ave.
Victoria, B.C. V8W 1B3
℃ 385-5380, Fax 383-0949

Einfache, ruhige Atmosphäre; drei Blocks vom Inner Harbour. $$

West Bay Marina Park
453 Head St.
Victoria, B.C. V9A 5S1
℃ 385-1831
Kleiner, privater Campingplatz im Yachthafen gegenüber dem Inner Harbour; Wassertaxi zur Innenstadt.

Goldstream Provincial Park
Am Hwy. 1, 19 km nördlich von Victoria
℃ 387-4363
Sehr schöner staatlicher Campingplatz.

The Empress Room
Im Empress Hotel
℃ 384-8111
Elegantes Restaurant mit Tafelmusik ($$$). Im **Bengal-Room Restaurant** des Hotels kann man – ganz in Kolonialtradition – vorzügliche indische Curry-Gerichte kosten ($$$).

Swan's Pub
506 Pandora Ave.
℃ 361-3310
Beliebter Bier-Pub in der Altstadt mit kleinem Café für Salate und Fischgerichte. $–$$

Feste:

Mitte Juli treffen sich in **Parksville** die Sandburg-Architekten zur **International Sandcastle Competition**; eine Woche später starten von **Nanaimo** die Skipper zum **Bathtub Race** nach Vancouver, ein feuchtes Badewannonrennen über die Strait of Georgia.

Weitere Informationen zu Victoria finden Sie auf S. 178 f.

Der sonnige Süden

Malen, Stricken, Bäumefällen

Die Rückfahrt von Tofino zur Ostküste von Vancouver Island zieht sich – auf langen Geraden durch die dichten Wälder des Pacific Rim National Park und dann auf endlosen Serpentinen in die Berge des Landesinneren. Wieder passiert man die häßlichen Kahlschläge der allgewaltigen Forstindustrie.

Ausschnitt aus einem Totempfahl im Thunderbird Park in Victoria

Es tröstet ein wenig zu wissen, daß zumindest einige Enklaven ursprünglicher Natur erhalten blieben. Nördlich des Highway 4 liegen zum Beispiel die unberührten Bergwälder des **Strathcona Provincial Park**, ein beliebtes Wandergebiet.

Aus dem Bergland geht es östlich von Port Alberni hinab zur Küste und dann auf dem Island Highway 19 weiter durch Wiesen und Felder nach Süden. **Nanaimo**, das 1852 nach der Entdeckung von großen Kohlelagerstätten als Bergwerksort gegründet wurde, ist heute die wichtigste Hafenstadt auf Vancouver Island. Von hier fahren die Autofähren zum Festland, und von den sechs großen Ladepiers werden Holz, Fisch und die landwirtschaftlichen Produkte der Insel verschifft.

Abgesehen von Nanaimo verdanken fast alle Orte entlang der Küste bis Victoria ihre Entstehung der Holzindustrie. Ein Umstand, der manchen von ihnen auch wieder den Todesstoß versetzte – die Wälder der Umgebung waren abgeholzt, und Jobs außerhalb der Forstindustrie gab es für die Bewohner nicht. Dieses Überlebensproblem hat der Winzlingsort **Chemainus** einfallsreich gelöst. Als das riesige Sägewerk des Ortes (einst das größte im britischen Empire) Anfang der 80er Jahre schloß, erklärte sich der Holzarbeiterort ganz unbescheiden zum Touristenziel und »Kunstmekka«. Kanadische Künstler wurden beauftragt, auf nackten Mauerflächen im Ortszentrum große Wandgemälde mit Szenen aus der Regionalgeschichte zu malen, die Läden boten

verstärkt Kunsthandwerk an, die Stadtverwaltung putzte das Straßenbild mit alten Laternenpfosten und bemalten Müllkübeln heraus.

Der Plan ging auf. Heute besuchen jährlich gut 300 000 amerikanische und kanadische Touristen das Städtchen, stöbern in Antikläden und Boutiquen, schlecken Eis und kaufen Nippes – und werfen auch mal einen Blick auf die mittlerweile rund 30 überdimensionalen Wandgemälde (die im übrigen durchaus sehenswert sind).

Das Beispiel von Chemainus macht neuerdings Schule: **Duncan**, ein Städtchen etwas weiter südlich, hat sich 1986 zur *city of totems* erklärt und vermarktet seither recht erfolgreich seine indianische Kultur. Immerhin leben tatsächlich rund 2 200 Cowichan-Indianer in zwei Reservaten östlich und westlich der Stadt. Entlang der Hauptstraße und im Ortszentrum wurden zahllose moderne Totempfähle aufgestellt, und die von den Indianern in besonderer Technik aus Naturwolle gestrickten Cowichan-Pullover sind zum Exportschlager der Stadt geworden. Den Indianern hat dies im Gegenzug sicherlich ein neues Selbstwertgefühl gegeben und einen Anreiz, ihre alte Kultur wieder verstärkt zu pflegen.

Neben einem Besuch im Native Heritage Center lohnt sich in Duncan vor allem ein Stopp im **B.C. Forest Museum**, wo in einem 40 Hektar großen Areal die Geschichte der Holzindustrie auf Vancouver Island vorbildlich aufbereitet ist. Vom originalen Holzfällercamp zu den alten Schmalspur-Dampfloks, mit denen einst die riesigen Holzstämme zur Küste transportiert wurden, bis zum anschaulichen Vergleich der Baumarten wird jeder Aspekt rund ums Holz erläutert. Vorführung und historische Fotos lassen die harten Arbeits- und Lebensbedingungen der frühen Holzfäller schaudernd deutlich werden. Sehenswert ist auch die Entwicklung der Fälltechnik von den ersten Äxten über die verschiedenen Sägearten bis hin zu den Kettensägen, von denen die Prototypen noch an die 60 Kilogramm wogen! Sogar eine in Deutschland gefertigte Kettensäge von 1938 ist ausgestellt – damals zur Kriegszeit trug sie bei den Holzfällern den Spitznamen »Hitler«.

Die letzte Strecke des Tages führt von Duncan auf dem Trans-Canada Highway nach Süden. Die hier bereits

vierspurig ausgebaute Straße wird am **Malahat Summit** sogar noch einmal richtig spektakulär: Gut 350 Meter über dem Meeresspiegel bietet sich vom Aussichtspunkt auf Paßhöhe ein weiter Panoramablick über die Strait of Georgia und die zahlreichen kleinen Inseln zwischen Vancouver Island und dem diesigblauen Festland in der Ferne. An klaren Tagen kann man sogar den 120 Kilometer entfernten Schneegipfel des Mount Baker in Washington erkennen.

Vom Malahat Summit taucht der Highway schnell wieder hinab ins Tal und hinein in die ausufernden Vororte von Victoria. Häßliche Lagerschuppen, zahllose Autohandlungen und Schnellrestaurants rücken ins Blickfeld. Dabei soll die Provinzhauptstadt doch eine der schönsten Kapitalen Kanadas sein? Aber was will man von einer Einfallschneise schon erwarten. Am Inner Harbour, bei einem abendlichen Bummel, wird es nachher gleich angenehmer und viel pittoresker. Auf der belebten Promenade vor dem grünumrankten Empress Hotel bringt ein heftig pustender Dudelsackspieler im Kilt den flanierenden Urlaubern ein Ständchen. *Merry Old England* läßt grüßen. Doch davon morgen mehr.

Holzfäller-Eisenbahn in Duncan

Vormittag	Spaziergang am **Inner Harbour**, danach Besuch im **Royal British Columbia Museum** und im nahen **Thunderbird Park**. Lunch am Bastion Square.
Nachmittag	Einkaufsbummel (alternativ: Besichtigung von **Fort Rodd Hill** im Westen der Stadt, s. Karte S. 186); ca. 16.30 Uhr *high tea* im **Empress Hotel**.

 Inner Harbour Area
Das Herz von Victoria. Hier erhebt sich das **Empress Hotel** über einem Wald von Bootsmasten. Gleich nebenan thront das **Parlamentsgebäude** auf dem gut gepflegten Grün eines Hügels. Gegenüber landen Wasserflugzeuge im Hafen-becken, und die Fähre aus Seattle legt direkt neben den **Undersea Gardens** an.

 Royal British Columbia Museum
675 Belleville St.
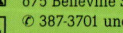 ✆ 387-3701 und 387-3914 (Band)
Im Sommer 9.30–19, sonst 10–17.30 Uhr,

Eintritt $ 7
Ausgezeichnetes Museum zur Natur- und
Pioniergeschichte und über die indiani-
schen Kulturen der Provinz.

Maritime Museum of British Columbia
28 Bastion Sq.
Tägl. 9.30–16.30 Uhr; Eintritt $ 5
Anhand von Schiffsmodellen und alten
Landkarten wird die Geschichte der See-
fahrt an der Pazifikküste erzählt.

Munro's Books
1108 Government St.
Riesiger Buchladen in sehenswertem
historischem Gebäude; auch So geöffnet.

Market Square
560 Johnson St.
Rund 40 individuelle Läden um einen
historischen Innenhof; indianische
Kunst, Bücher, Restaurant.

Hill's Indian Crafts
1008 Government St.
Gute Auswahl an Indianerschmuck,
Schnitzereien und Drucken.

Fort Rodd Hill National Historic Park
Tägl. 10–17.30 Uhr

Eine als Museum hergerichtete Artillerie-
stellung aus dem 19. Jh. und der seit 1860
in Betrieb befindlichen Fisgard-Leuchtturm sind zu sehen. Schöner Park mit
Blick auf den Hafen von Esquimalt.

Feste:

Am 21. Mai zieht zum Geburtstag von
Queen Victoria eine Parade durch die
Straßen Victorias; im Anschluß startet
die berühmte **Swiftsure-Segelregatta.**

Weiter Informationen s. S. 174.

Warten auf Kunden: Fahrradrikschas vor dem Empress Hotel in Victoria

21

Victoria

»A very British Town …«

Rudyard Kipling wird gern bemüht, wenn es um die Beschreibung der Provinzhauptstadt von British Columbia geht. Er verglich **Victoria** mit den schönsten Seiten von Bournemouth, Torquay, von Happy Valley in Hongkong und von Sorrent, das Ganze in einer Lage wie in »der Bucht von Neapel, mit etwas

Inner Harbour in Victoria

Himalaja im Hintergrund«. Kurz, eine erzbritische Kolonialhauptstadt fern des Mutterlandes. Da kommt ein Gefühl von Exotik auf, und der alte Glanz des britischen Empire schimmert vor dem geistigen Auge durch die Jahrhunderte hindurch. So sieht sich Victoria, die Schöne, selbst gern, und so sehen sie Millionen amerikanische und kanadische Touristen, die verzückt in roten Londoner Doppeldeckerbussen, in Pferdekutschen und Fahrradrikschas zum *sightseeing* aufbrechen und danach englisches Porzellan, Tartanschals und Tweedjacken einkaufen.

Die Geschichte rechtfertigt dieses Klischee von der britischen Enklave in der Neuen Welt zumindest zum Teil. Sir James Douglas von der »Hudson's Bay Company« gründete die Stadt 1843 als Fort der

Pelzhandelsgesellschaft und benannte sie nach der britischen Monarchin. Erst das Jahr 1858 setzte jedoch Victoria fest auf die Landkarte: Damals schickte Douglas die ersten 800 Unzen Gold vom Fraser River zur Münze von San Francisco. Die Folge war ein ungeahnter Ansturm von Goldgräbern vor allem aus Kalifornien. Noch im Sommer 1858 kamen 27 000 hoffnungsvolle *miners* in Victoria an. Die Stadt blühte als Hafen und Handelszentrum auf.

Als British Columbia 1871 der Kanadischen Konföderation beitrat, wurde Victoria als wichtigste

Stadt des Westens natür-
lich zur Hauptstadt ge-
kürt. Doch dann kam
1885 die Eisenbahn – und
führte nur bis zum neu-
gegründeten Vancouver.
Der steil aufsteigende
Stern Victorias geriet ins
Taumeln. Bald wurde der
Landverkehr immer be-
deutender, und das geo-
graphisch doch etwas ab-
gelegene Victoria zog
sich auf eine beschau-
liche Ruheposition als
Verwaltungsstadt zurück
(noch heute arbeitet je-
der fünfte Bewohner der
Stadt bei der Regierung).
Pensionierte britische Ko-
lonialoffiziere und be-

tuchte Rentner entdeckten die herrliche Lage und hohe Lebensqualität des sonnigen Südens von Vancouver Island, spielten Golf und Kricket, gründeten
Segelclubs und trafen sich zum Tee am Nachmittag.
Parks und Gärten gediehen im milden Klima. Ein
paradiesisches, traditionsbewußtes – und recht lang-
weiliges – Städtchen in grandioser Lage wuchs heran.

Heute ist Victoria längst über dieses Klischee von
Old England (wie vorwiegend amerikanische Touristen es sich vorstellen) hinausgewachsen. Es sind
längst nicht mehr nur die Rentner, die sich hier niederlassen, sondern gesunder Mittelstand und schicke
Yuppies, die die feinen Restaurants und Bars bevöl-
kern. Über eine Viertelmillion Menschen leben heute
im Großraum Victoria. Das nahezu frostfreie, milde
Klima und die herrliche Lage, auf drei Seiten vom
Meer umschlossen, sind geblieben. Aber von Langeweile und britischer Steifheit ist nichts mehr zu
spüren.

Beginnen wir unsere Tour durch die Stadt am
Inner Harbour, dem quirligen Mittelpunkt der Altstadt und des Touristenrummels. In der geschützten

*Pompös: Parliament
Buildings in Victoria*

kleinen Hafenbucht dümpeln Segelboote und Yach-
ten, und alle paar Stunden zieht eines der prächtigen,
schneeweißen Kreuzfahrtschiffe herein. Hinter der
Promenade, wo sich unter bunten Blumenampeln die
kameraschwingenden Besucher tummeln, steht das
heimliche Wahrzeichen der Stadt, das **Empress
Hotel**. Efeuumrankt bis unter die trutzigen Türmchen
bietet es dem ständigen Besucherstrom die Stirn wie
ein tangumschlungener Fels in der Brandung. Erst
kürzlich wurde aufwendig renoviert und angebaut, so
daß jetzt wieder standesgemäße Noblesse herrscht.

An der Südseite des Hafens thront das zweite
Wahrzeichen Victorias, die **Parliament Buildings**.
1897, rechtzeitig zum diamantenen Thronjubiläum
von Queen Victoria, wurde der pompöse neugotische
Bau fertiggestellt. (Die Lichterketten, die das Parlament nachts wie einen Weihnachtsbaum erstrahlen
lassen, wurden erst später zur Ergötzung der Touristen installiert.) Von der Spitze der grünspan-
überzogenen Kuppel glänzt gülden die Statue von
Captain George Vancouver, der die nach ihm benannte Insel als erster umrundete. Rings um das Parla-

ment liegen Blumenrabatten und weite, wundervoll gepflegte Grünflächen mit hübschen Baumgruppen: eine der vielen Parkanlagen, für die Victoria so berühmt ist.

Doch zurück zur Stadt. Unser erster längerer Stopp ist das **Royal British Columbia Museum** gegenüber dem Parlament, ein Schatzkästlein der Provinz- und Naturgeschichte und der eindrucksvollen Indianerkulturen der Nordwestküste. Was immer man auf der Reise verpaßt haben mag, ob Goldgräberstädte oder Bergwerke, Totempfähle oder Regenwälder, hier gibt es alles noch einmal zu sehen. Vorbildlich ausgestellt und erläutert.

Die indianische Schnitzkunst wird man wohl nirgendwo sonst in so geballter Masse finden. Ein ausgiebiger Bummel durch die Hallen ist sogar für eingefleischte Museumsmuffel ein Muß. Besonders eindrucksvoll sind die Darstellung des Westküsten-Ökosystems im zweiten Stock und die Totempfahlhalle im dritten.

Feröstliche Enklave: die kleine Chinatown um die Fisgard Street

Indianisch geht es danach auch gleich weiter: Hinter dem Museum stehen im **Thunderbird Park** einige typische Totempfähle unterschiedlicher Stammes-kulturen der Westküste. Das charakteristische Planken-haus der Kwakiutl dazwischen ist Mungo Martin gewidmet, einem bekannten indianischen Schnitzer, Maler und Sänger.

Nach so viel Kultur wird es Zeit für andere Genüs-se. Am Nachmittag kann man sich im farbenfrohen Gewirr der Arkaden und Shopping-Straßen Victorias vergnügen. Aber auch da ist die Geschichte nie weit: Entlang der Government Street sind viele der Bou-tiquen in historischen Häusern aus der Blütezeit der Stadt im letzten Jahrhundert untergebracht. Am reno-vierten **Bastion Square** steht noch das alte Gerichts-gebäude (heute Maritime Museum), in dem der erste Richter der Provinz, Judge Begbie, die Bösewichter unter den Goldgräbern aburteilte. Und in der Johnson Street, einst eine recht anrüchige Hafenstraße, hat man gleich ein ganzes altes Lagerhaus zum **Market Square** umfunktioniert, mit Läden und Restaurants und einem netten Innenhof zum Sitzen und Schauen. Zwei Straßen weiter nördlich liegt an der Fisgard Street die winzige **Chinatown** Victorias, nach San Franciscos Chinaviertel die älteste Chinesen-Sied-lung Nordamerikas.

Man kann den Bummel dann in einem der nahen Straßencafés ausklingen lassen oder kehrt am Spät-nachmittag an den Inner Harbour zurück, um im Empress Hotel den *high tea* zu zelebrieren. Mit meist vorzüglichem Tee, winzigen Sandwiches, Honig-kuchen und original englischen *scones* (einer Art But-tergebäck) - und mit von britischen Traditionen ent-zückten amerikanischen Urlaubern in knalligen Jog-ging-Anzügen und grellen T-Shirts.

Abends dann der obligate Bummel auf der Prome-nade vor dem Parlament: Der Dudelsackbläser im schottischen Kilt vom Vortag ist auch wieder da und verbreitet mit seinen näselnden Tönen Highland-Stimmung. Wie sich herausstellt, ist er nicht einmal vom Fremdenverkehrsamt angestellt, sondern tritt völlig freiwillig aus Spaß und Patriotismus für seine Heimatstadt hier auf. Dabei freut er sich über jedes Foto - besucht er doch auf diese Weise Wohnzimmer und Dialeinwände von Osaka bis Osnabrück.

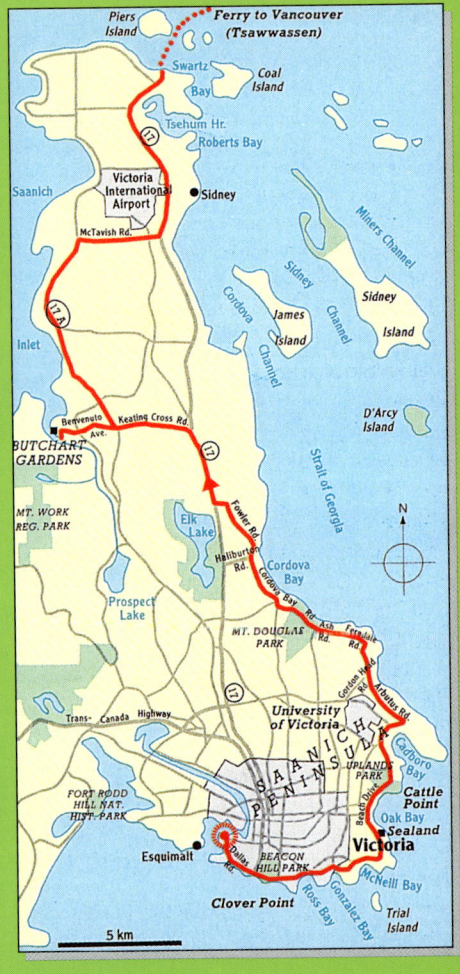

km	Zeit	Route
0	9.00	Abfahrt vom Inner Harbour in **Victoria** über Belleville St. nach Westen (Hafenbecken rechts, Parlamentsgebäude links), links in die Pendray St., rechts in die Québec St., links in die Montréal St., links in die Superior St., rechts in Douglas St., links in Dallas Rd. Die Dallas Rd. ist der Anfang des **Marine Scenic Drive**. An der Dallas Rd./Ecke Douglas St. der **Beacon Hill Park**. Weiter auf Dallas Rd. zur Mini-Halbinsel des **Clover Point**. Über Hollywood, Crescent und King George Rd. zum Beach Dr. Danach weiter zum Cattle-Point-Aussichtspunkt am Ende der Oak Bay;

weiter auf dem Beach Dr. nach Norden bis zur Arbutus Rd.; an deren Ende rechts in die Gordon Head Rd., links in die Ferndale Rd., links in die Tyndall Ave., rechts in die Ash Rd.; am Ende der Ash Rd. links in Cordova Bay Rd. und gleich die erste Straße rechts bergauf (Churchill Dr.) zum Viewpoint auf der Spitze des

km	Zeit	Route
30	12.00	**Mount Douglas** im gleichnamigen Park; weiter auf der Cordova Bay Rd. nach Norden zur Fowler Rd. und über Sayward Rd. zum Hwy. 17 North; nach ca. 2 km den Hwy. 17 verlassen und über Keating Cross Rd. und Benvenuto Ave. zu den
45	12.30	**Butchart Gardens** (Lunch und Rundgang durch die Gärten).
	15.00	Abfahrt Butchart Gardens, über Benvenuto Ave., links auf den Hwy. 17 A (West Saanich Rd.), rechts in die McTavish Rd. (Wegweiser »Airport«), weiter auf dem Hwy. 17 zur
54	15.30	Swartz Bay und zum Fährterminal der Tsawwassen Ferry.
	16.00	Abfahrt der Fähre (Fahrtzeit: 1½ Std.)
	17.35	Ankunft in **Tsawwassen**; über den Hwy. 17 und 99 nach
88	18.15	**Vancouver**.

ROUTE 22 Informationen

Marine Scenic Drive
Die Route folgt den Straßen an Victorias Ostküste und bietet viele schöne Ausblicke über die Juan de Fuca Strait hinüber zu den Olympic Mountains im Staat Washington.

Beacon Hill Park
Ein kurzer Abstecher nach links über Douglas St., The Circle und Park Way führt zur Spitze des Beacon Hill mit guter Aussicht auf Victoria und den Hafen. Die Tafel »Mile 0« bezeichnet den Beginn des 7 821 km langen Trans-Canada-Highway.

Mount Douglas Park
Von der Spitze des Mount Douglas großartige Aussicht auf *Greater Victoria*, die Strait of Georgia mit vielen Inseln und die Juan de Fuca Strait. Im Park schöner Strand und Picknickplatz unter alten Bäumen.

Butchart Gardens
Benvenuto Ave., Brentwood
✆ (250) 652-5256 (Infos vom Band), sonst
✆ (250) 652-4422
Im Sommer tägl. 9–22.30 Uhr, im Winter meist nur bis Sonnenuntergang

Eintritt $ 15.50
20 ha großer Park mit verschiedenen Motivgärten: Rosengarten, italienischer und japanischer Garten usw.; nachts illuminiert, samstags Feuerwerk.

The Dining Room Restaurant
Auf dem Gelände der Butchart Gardens
Paté, Salate und guter Nachtisch. $$

Fähre Victoria (Swartz Bay) nach Vancouver (Tsawwassen)
B.C. Ferry Corporation
Infos über Abfahrtszeiten vom Band:
✆ (250) 656-0757 (Victoria)
✆ (604) 277-0277 (Vancouver)
Im Sommer 7–22 Uhr (Abfahrt jeweils zur vollen Std.), im Winter 7–21 Uhr
Hinweis: Zu Zeiten hohen Verkehrsaufkommens (Fr, Sa, So nachmittags oder im Sommer gegen 11 Uhr am Vormittag) muß mit Wartezeiten bis zu 2 Std. gerechnet werden. Wegen der landschaftlich schönen Strecke durch die Gulf Islands empfiehlt sich in jedem Fall eine Fahrt bei Tageslicht.

Weitere Informationen zu Vancouver finden Sie auf S. 26 ff.

22

»Manikürte« Gärten und exzentrische Inseln

Victoria – Vancouver

Wenn schon vorgestern die Einfahrt nach Victoria nicht sonderlich spektakulär war, so soll jetzt wenigstens der Abschied als *grand finale* gelingen. Denn auch außerhalb der Innenstadt kann **Victoria** ein blitzblankes Edelstädtchen sein. Beginnen wir am

*Blühende Botanik:
Butchart Gardens*

südlichen Ende der Douglas Street, dort wo die Straße an der dunkel plätschernden Juan de Fuca Strait endet.

Ein unscheinbares Schild in der Straßenmitte zeigt den Beginn des Trans-Canada Highway an, jener kontinentumspannenden Superstraße, die alle zehn kanadischen Provinzen und sechs Zeitzonen durchquert, ehe sie 7 821 Kilometer weiter in Neufundland endet. Die Kulisse ist für den Anfang einer solch symbolträchtigen Straße nicht schlecht. Kiplings Himalaja-Vergleich ist zwar etwas übertrieben, aber die an klaren Tagen im Süden gut zu sehenden schneebedeckten Gipfel der Olympic Mountains im Staat Washington sind durchaus beeindruckend.

In weiten Schlingen folgt die Dallas Road der felsigen Küstenlinie durch den Beacon Hill Park, einem beliebten Spazier- und Jogging-Ziel der Victorians. Oak Bay, Uplands, Cadboro Bay, in bunter Folge reihen sich danach am Marine Scenic Drive die noblen Wohnviertel mit Blick aufs Meer. Hier mag das »England-Klischee« von Victoria noch zutreffen. Die von emsigen Gärtnern gestutzten und gedüngten Anlagen um die herrschaftlichen Villen strahlen eine gepflegte Ruhe aus, wie man sie aus englischen Parks kennt. Vereinzelt sieht man einige der – meist älteren – Bewohner an ihren Rosen schnippeln oder in weißen Shorts zum Tennisplatz radeln. Und das wichtigste Straßenverkehrsschild überhaupt scheint das Warnzeichen »Vorsicht, Golfer kreuzen« zu sein.

Zu einem letzten Abschiedsblick kann man am Nordende der Stadt noch einen Abstecher auf den Gipfel des **Mount Douglas** unternehmen, wo sich an klaren Tagen ein ungeahntes 360-Grad-Panorama über die Stadt und die umgebenden Meeresengen, Inseln und Bergketten entfaltet. Im Süden leuchten die weißen Zacken der Olympic Mountains, im Osten ragt über einem blaugeäderten Inselgewirr der Mount Baker auf, im Norden reihen sich die grünen Hügel von Vancouver Island. Und im Westen glänzt ganz in der Ferne der offene Pazifik. Nächster Stopp: Japan.

Unser nächster Stopp ist nach kurzer Autobahnfahrt auch die letzte Attraktion der Reise: die **Butchart Gardens**. Die heute rund 20 Hektar große Parkanlage wurde 1904 von der gärtnernden Frau eines Zement-

fabrikanten begonnen. In einem aufgelassenen Steinbruch ihres Mannes begann sie Blumen, Bäume und Büsche aus aller Welt zu pflanzen. Das Ergebnis (nach fast 100 Jahren ständiger Pflege) ist weltberühmt und würde so manche Landesgartenschau in den Schatten stellen: ein perfekt organisiertes, farbenprächtiges Blütenreich mit spiegelnden Teichen und verschlungenen Pfaden. Über eine Million Blumen werden jedes Jahr angepflanzt, regelmäßig ausgetauscht und in makellosem Zustand gehalten, so daß von März bis Oktober der Blütenrausch nicht nachläßt.

Je nach Besucherandrang und Interesse wird es einige Zeit dauern, ehe man sich wieder von den Gärten losreißen kann. Doch die großen Fähren zum Festland, in denen die Autos mehrschichtig gestapelt werden, verkehren im Stundentakt. Also keine Hetze. An sonnigen Tagen – und die gibt es in dieser Region oft – ist die Fahrt zurück zum Festland ein gelungener und geruhsamer Abschied von West-Kanada. 13 größere und über 300 kleinere Inseln liegen malerisch verstreut in der Strait of Georgia. Segelboote und Motoryachten ziehen in regem Hin und Her über die glitzernden Buchten. An den bewaldeten Ufern stehen in idyllischer Einsamkeit die oft selbstgezimmerten Häuser der Inselbewohner und die Datschas der Großstädter aus Vancouver. Rund 15 000 Menschen leben auf den **Gulf Islands**. Künstler und Individualisten, Exzentriker und sogar noch ein paar Einsiedler sind darunter. Und obwohl die Erschließung der Inseln wohl nicht aufzuhalten ist, kämpfen sie um ihren Freiraum, gehen gegen geplante Luxussiedlungen auf die Barrika-

den, und manche verweigern sogar den Anschluß ans Stromnetz.

Kurz vor dem Zielhafen **Tsawwassen** ändert sich plötzlich die Farbe des Wassers. Die Fähre pflügt nun durch milchiges Süßwasser aus der Mündung des Fraser River, das sich erst weit draußen mit dem klaren, dunkelblauen Ozeanwasser vermischt. Vancouver hat uns wieder.

Zurück am Festland ist man sogleich von der Großstadt umschlossen. Ein paar Deichanlagen, dann taucht der Highway in die Vororte Vancouvers ein. Wer heute noch zum Flugzeug will, muß sich beeilen. Sonst kann man sich Zeit lassen und noch einen Bummel in Gastown oder auf Granville Island unternehmen, ehe man zurückfliegt ins ungewohnt dicht bevölkerte Mitteleuropa, wo man die Weiten Kanadas schmerzlich vermissen wird.

Am Canada Place wird es nun Zeit für den Abschied

REISEPLANUNG

An- und Einreise 192
Auto-/Wohnmobilmiete 193
Buchung der Fähre 194
Camping/Unterkunft 195
Ärztliche Vorsorge 196
Auskunft 196
Geld/Devisen 197
Gepäck/Kleidung 197
Reisezeit/Klima 198
Zoll 198

REISEDATEN

Auskunft vor Ort 199
Angeln 200

Autofahren 200
Einkaufen 201
Feiertage/Feste 202
Kinder 202
Maße und Gewichte 202
Notfälle/Konsulate 203
Post 204
Restaurants/Verpflegung 204
Telefonieren 205
Trinkgeld 206
Zeitzonen 206

SPRACHHILFEN

Spezielle Sprachgebräuche
in West-Kanada 206

An- und Einreise

Reisebuchung: Der Westen Kanadas ist ein beliebtes Fernreiseziel, und so kommt es Jahr für Jahr mit schöner Regelmäßigkeit dazu, daß es im Spätwinter oder zu Anfang des Frühjahrs heißt, »West-Kanada ist ausgebucht«. Die folgenden Buchungen sollten Sie deshalb **so früh wie möglich** vornehmen:

1. **Flug** von Europa nach Vancouver bzw. nach Calgary sowie der **Rückflug** von Vancouver nach Europa (s. S.193).

2. **Miete eines Wohnmobils** bzw. eines **PKW** (s.S.193.).
3. **Die Fähre durch die Inside Passage** von Prince Rupert nach Port Hardy (s.S.252).
4. **Hotelübernachtungen** für den Ankunftstag, für die beiden Tage in Vancouver, für den Ankunftstag in Prince Rupert und die Nacht in Port Hardy sowie für die Nacht vor dem Heimflug sollte man rechtzeitig buchen. Reservierungen in den Nationalparks Banff und Jasper sind ebenfalls zu empfehlen (s.S.195 f.).

Die Formalitäten zur **Einreise** nach Kanada sind für Touristen im allgemeinen recht problemlos. Ein Visum ist nicht erforderlich, es genügt der gültige Reisepaß. Bei Antritt der Fahrt sollte der Reisepaß noch mindestens sechs Monate gültig sein. Kinder benötigen einen Kinderausweis.

Unsere Rundreise beginnt in Vancouver, sie kann aber auch in Calgary gestartet werden. Beide Großstädte werden während des Sommers ab Frankfurt/M. täglich *non-stop* von **Air Canada** in Kooperation mit der **Lufthansa** angeflogen. Darüber hinaus gibt es weitere Flugverbindungen z.B. von Canadian Airlines über London oder Umsteigeverbindungen über Toronto im Osten Kanadas. Über preiswerte Holiday- und andere Sondertarife informieren die Reisebüros. Zur Hochsaison werden auch Charterflüge (z.B. mit Canada 3 000 nach West-Kanada angeboten.

Ein Non-stop-Flug ist unbedingt zu empfehlen, da sich einige Stunden Aufenthalt zum Umsteigen bei der langen Flugzeit schon recht unangenehm bemerkbar machen. Auch hier heißt es also, möglichst lange im voraus zu buchen, denn zur Hauptreisezeit im Sommer sind die günstigen Tarife für die Non-stop-Verbindungen schnell vergriffen. Non-stop-Flüge aus Europa erreichen meist in der Mittagszeit oder am frühen Nachmittag nach knapp elf Stunden Flugzeit (und neun Stunden Zeitunterschied) den großen internationalen Flughafen von Vancouver, der etwa 12 km südlich der Stadt liegt. Auf den Gepäckschildern wird dieser mit YVR abgekürzt.

Beim **Rückflug**, den man einige Tage vor der Abreise rückbestätigen lassen sollte, ist am Flughafen in Vancouver eine Steuer in Höhe von $ 10 (innerhalb Kanadas und in die USA) bzw. $ 15 (für Direktflüge nach Europa) zu entrichten.

Im Untergeschoß des Terminals warten die Beamten der Einwanderungsbehörde und des Zolls. Die Abfertigung geht meist recht zügig, falls nicht gerade zehn Jumbos gleichzeitig gelandet sind.

Gleich dahinter sind die Schalter der Autovermieter, wo man sein (reserviertes) Fahrzeug übernimmt. Hat man einen Camper gemietet, kann man sich meist vom Vermieter am Flughafen abholen lassen. Oder man fährt erst mal per Taxi (ca. $ 30) oder Hotelbus (ca. $ 8) in die Stadt, schläft den *Jet lag* aus und läßt sich dann erst zur Wohnmobilübernahme abholen.

Auto-/Wohnmobilmiete

Ohne Räder ist man in Kanada ziemlich hilflos. Da stellt sich zunächst die Frage: Auto- oder Campermiete?

Mit dem PKW ist man etwas beweglicher, mit dem Wohnmobil mehr draußen in der Natur und insgesamt ein bißchen billiger dran. Allerdings ist eine Fahrt mit dem Camper nicht viel preiswerter, da die privaten Campingplätze nicht eben billig sind und die kleinen Motels recht günstige Preise bieten. Aufenthalte auf den staatlichen Campgrounds sind dagegen recht preiswert (s. S. 255). So oder so sollte man das Fahrzeug bereits von zu Hause aus mieten und bezahlen.

Die europäischen Reiseveranstalter können durch Großeinkauf meist günstigere Preise erzielen, als es dem einzelnen Touristen vor Ort möglich ist. Außerdem kommt es bei den Wohnmobilen jeden Sommer zu Engpässen, so daß im Juli und August ohne Vorbestellung kein Camper zu haben ist. Unbedingt also bereits einige Monate vorab in Europa das Fahrzeug reservieren, nach den Wochenpauschalen, Freikilometern und Gebühren für Versicherungen und versteckten Zusatzkosten für Bettwäsche, Geschirr und andere Extras fragen.

Für alle Auskünfte und die Buchung von Wohnmobilen und Mietwagen wendet man sich an ein gutes Reisebüro oder an einen

auf Kanada spezialisierten Reiseveranstalter. Mietwagen kann man auch über die internationalen Autovermieter bestellen. Zur Anmietung des Fahrzeugs vor Ort muß man nur den **nationalen Führerschein** vorlegen, der internationale Führerschein wird fast nie verlangt. Eine **Kreditkarte** hilft sehr; dann braucht man nicht im voraus zu bezahlen und keine Kaution zu hinterlegen. Die angebotene Vollkaskoversicherung (abgekürzt LDW oder CDW) ist zwar nicht billig, kann sich aber bei Blechschäden auszahlen. Allerdings deckt bei den Wohnmobilen auch die Vollkaskoversicherung nicht unbedingt alle (selbstverursachten) Schäden ab – etwa kleinere Dachschäden, wie sie beim Rangieren gern vorkommen. Lesen Sie unbedingt das Kleingedruckte im Vertrag!

Bei der Übernahme des Wagens sollte man zunächst einmal alles überprüfen und sich beim Camper alles genau erklären lassen. Nehmen Sie sich dabei Zeit, und fragen Sie ungeniert nach, falls Sie etwas nicht verstehen. Die wichtigsten Informationen sind: Wo ist das Werkzeug, der Wagenheber, das Reserverad? Wo ist der Füllstutzen und das Absperrventil des Gastanks, bzw. wo sind die Gasflaschen? Wo ist der Füllstutzen des Wassertanks, wo der Wasserschlauch? Wo ist der Meßstab und wo der Einfüllstutzen für das Motoröl? Wie stellt man den Kühlschrank an, wie stellt man ihn von Gas auf Strom um? Wie funktioniert der Automatikschaltung, wie die Klimaanlage? Lassen Sie sich bei der Fahrzeugübernahme festgestellte Mängel und Beschädigungen schriftlich bestätigen, es kann Ihnen sonst passieren, daß man versucht, Sie nach Ende der Reise dafür zur Kasse zu bitten. Die Vermietfirmen haben auch handliche Stadtpläne, so daß man für Fahrten in die Innenstadt zusätzlich gewappnet ist. In Kanada kann man meist von einem technisch guten Zustand der Fahrzeuge ausgehen.

Buchung der Fähre

Da der Fährfahrt entlang der Westküste von Prince Rupert nach Port Hardy (Route 18) eine Schlüsselstellung in der Routenplanung zukommt, sollte man die Reservierung des Schiffes möglichst frühzeitig vornehmen. Am besten drei bis vier Monate vorab und gleich mit der Buchung von Flug und Auto bzw. Wohnmobil. Das Reisebüro oder der Veranstalter, bei dem Sie Flug und Fahrzeug buchen, kann auch die Fähre reservieren. Vor Ort wendet man sich an:

B.C. Ferry Corporation
1112 Fort St.
Victoria, B.C. V8V 4V2
℅ (250) 386-3431 und (604) 669-1211 (Vancouver)
Die kurze Fährfahrt von Vancouver Island zum Festland bei Vancouver (Route 23) muß nicht vorab reserviert werden.

Was ist aber nun, wenn im Sommer die **B.-C.-Fähre ausgebucht** ist? Nun, das ist zwar ärgerlich, muß aber einen Kanada-Urlaub nicht verhindern. Im Juni und Juli fahren die meisten Fahrgäste von Süden nach Norden mit der Fähre, ab Mitte Juli läuft der Trend in Nord-Süd-Richtung. Man kann also versuchen, je nach Jahreszeit die geplante Rundfahrt umzudrehen und so noch einen Fährplatz zu bekommen. Wer genügend Zeit hat, kann auch das Risiko eingehen, Stand-by am Fährhafen zu warten – nach vier bis fünf Tagen Wartezeit kommt man dann vielleicht mit. Ist beides nicht möglich, so wird man die Fährfahrt auslassen und die Route ändern müssen. Man verbringt etwas mehr Zeit im Süden der Provinzen oder in den Rockies, fährt von Prince George aus wieder zurück in Richtung Vancouver und unternimmt eventuell von dort aus einen Abstecher nach Victoria und zum Pacific Rim National Park. Eine weitere Alternative für eine etwas kürzere Rundfahrt ist die 1996 neu eingerichtete Fährverbindung zwischen Port Hardy und Bella Coola, einem alten Indianerort etwa auf halber Strecke nach Prince Rupert. Von dort bietet der Hwy. 20, eine herrliche Wildnisstraße durch die Coast Mountains, Anschluß an das Highway-Netz im Binnenland.

Unterkunft/Camping

Der Standard der Hotels und Motels in West-Kanada ist im allgemeinen sehr gut. Es gibt überall in den kleineren Orten preiswerte Motels (Sandman Inn, Best Western, Travelodge) und kleine Hotels, bei denen der Parkplatz praktisch vor der Zimmertür liegt. In Vancouver und Calgary sollte man die größeren, zentral gelegenen Hotels in der Innenstadt vorziehen.

Von den großen Hotelketten kann man sich vorab ein Verzeichnis ihrer Häuser zusenden lassen. Auskunft zum Ortsgesprächstarif in Deutschland: Canadian Pacific Hotels ℂ (01 30) 4400; Best Western International ℂ (01 30) 4455, Westin Hotels ℂ (01 30) 85 2662.

Alle für diese Rundfahrt angegebenen Motels und Hotels können über Reisebüros oder direkt schon von Europa aus vorbestellt werden. Besonders in Vancouver (Route 1 und Abreisetag) sowie zur Hochsaison in den Nationalparks Banff (Route 10) und Jasper (Route 11) wie auch auf Vancouver Island (Route 17–21) sollte man diese Möglichkeit nutzen (Adressen siehe grünen Info-Seiten zu den jeweiligen Tagen). Während der Rundfahrt können Sie die Motels auch erst einige Tage zuvor direkt oder über die Reservierungszentralen (kostenlose 800-Nummern) vorbestellen. Eine Kreditkarte erleichtert dies, da dann das Zimmer garantiert wird. Sonst muß man **bis spätestens 18 Uhr einchecken**. Bei der kurzfristigen Zimmersu-

che sind die örtlichen Visitors Bureaus behilflich, außerdem zeigt gut sichtbare Leuchtreklame fast überall an, ob es noch freie Zimmer gibt (*vacancy*) oder ob schon alles belegt ist (*no vacancy*). In den Nationalparks kann man auch kurzfristig noch nach stornierten Zimmern fragen.

Die in den Tagesinformationen angegebenen Preiskategorien gelten jeweils für einen *double room*. Einzelzimmer sind nur unwesentlich billiger, während man für ein zusätzliches Bett etwa $ 10 aufzahlen muß. Für Kinder, die im Zimmer der Eltern schlafen, wird meist kein Aufpreis berechnet. Die Bedeutung der **Dollar-Zeichen** in diesem Buch:

$ – bis 50 can. Dollar
$$ – 50 bis 100 can. Dollar
$$$ – 100 bis 150 can. Dollar
$$$$ – über 150 can. Dollar

Abenteuer- und **Wildnis-Lodges** liegen ebenso wie die **Ranches** im Hinterland der Provinzen. In schöner Lage bieten sie allerlei Urlaubsaktivitäten: Reiten, Wandern, Kanufahren und Angeln. Man wird zwar während der Rundfahrt nur selten in den Genuß dieser Häuser kommen, aber es lohnt sich, irgendwo entlang der Strecke in einer Lodge für einige Tage Pause zu machen.

Bed & Breakfast Homes

Entstanden in Kanada erst während der letzten Jahre und vorwiegend in den größeren Städten. Sie bieten dem europäischen Besucher den Vorteil, daß sie Kontakte und das Kennenlernen des kanadischen Familienalltags fördern. Außerdem erfährt man oft interessante Details über die Region und bekommt noch Tips für Besichtigungen mit auf den Weg. Adressen von kurzfristig verfügbaren Gästezimmern erhält man in den Info Centres vor Ort oder man wendet sich vorab an eine der B & B-Organisationen:

B.C. Bed & Breakfast Association
P.O. Box 593
Vancouver, B.C. V5Z 4E2
℡ (604) 276-8616

Alberta's Gem B & B Agency
11216, 48th Ave.
Edmonton, Alta. T6H 0C7
℡ (403) 434-6098

Camping und Motorhomes
Für Kanada die ideale Unterkunftsart.
Lediglich in Vancouver liegen die Cam-
pingplätze weitab vom Stadtzentrum, so
daß man dort (zum Anfang und Ende der
Reise) besser in ein Hotel geht. Überall
sonst bieten die meist sehr großzügig ange-
legten Plätze in herrlicher Lage direkten
Anschluß an Wanderwege und andere
Naturgenüsse – und sind damit jedem
Motel überlegen. **Staatliche Campingplätze** liegen meist in den National oder
Provincial Parks, haben Feuerstellen (häufig mit vorbereitetem Holz), Holzbänke und
-tische sowie einfache Waschanlagen. Die
Preise für einen Stellplatz liegen pro Nacht
zwischen $ 3 und $ 12. Vorbestellung ist
meist nicht möglich. Daher sollte man einchecken, sobald man am jeweiligen Ort
angekommen ist, man kann ja danach
immer noch mit Besichtigungen und Wanderungen weitermachen.

Die **privaten Campingplätze**, die man
meist vorab telefonisch reservieren kann,
sind oft exzellent ausgestattet, mit sehr
sauberen Duschen, Grillplätzen, Swimmingpool und oft mit kleinem Laden und
sogar einem Restaurant. Private Campingplätze kosten zwischen $ 12 und $ 30 und
bieten oft noch zusätzlichen Komfort wie
(mit Münzen zu fütternde) Waschmaschinen und Trockner. Dazu Strom-, Wasser-
und Abwasseranschluß.

Wildcampen für mehrere Tage wird in der
Nähe von Ortschaften nicht gern gesehen,
doch kann man durchaus über Nacht sein

motorhome auf einem Parkplatz abstellen –
aber nicht in den staatlichen Parks. Dort
kontrollieren die *park wardens* und ver-
scheuchen den ahnungslosen Touristen
ohne Gnade.

Ärztliche Vorsorge

Als Tourist ist man in Kanada grundsätzlich
Privatpatient – und die Arzt- bzw. Kranken-
hauskosten sind extrem hoch. Man sollte
also unbedingt vorsorgen und sich vorab bei
seiner Krankenkasse über eine Kosten-
rückerstattung erkundigen (gesetzliche Kas-
sen bezahlen generell nichts!). Falls nicht
alles übernommen wird, unbedingt eine
Reisekrankenversicherung abschließen,
die für Urlaubsreisen recht preiswert zu
haben ist. Auch wenn Sie eine Versicherung
haben, beim Arzt oder Krankenhaus muß
sofort bezahlt werden – oft sogar im voraus!
Da man in der Regel nicht soviel Bares dabei
hat, erweist sich eine Kreditkarte auch für
solche Notfälle als sehr nützlich.

Apotheken (*pharmacy*) sind meist in
drugstores zu finden. Bei Reisen mit dem
Wohnmobil kann es nicht schaden, einige
Mullbinden, Pflaster, Jod und Verbandsrol-
len mitzunehmen. Für längere Wander-
oder Kanutouren in die Wildnis sollten Sie
unbedingt einen Erste-Hilfe-Kit mitnehmen
– und genügend Moskito-Abwehrmittel
(die überall in Kanada erhältlichen Sprays
und Lotionen von »Off« und »Cutter« wirken am besten).

Auskunft

Für erste Vorinformationen (Landkarten,
Unterkunftsverzeichnisse usw.) schreibt
man einige Monate vor Reisebeginn an folgende Adressen:

Kanada Tourismus Programm
Postfach 20 02 47

D-63469 Maintal
℘ (0 61 81) 4 51 78
Fax 49 75 58

In Österreich und der Schweiz wenden Sie sich an die Informationsabteilungen der Kanadischen Botschaften in Wien bzw. Bern.

Tourism British Columbia
Parliament Buildings
Victoria, B.C. V8V 1X4
℘ (250) 387-1642
Fax 356-8246

Alberta Tourism
705, 10045 111 St.
Edmonton, Alta. T5K 2M5
Fax (403) 422-9101

Geld/Devisen

Die Reisekasse verteilt man am besten auf mehrere Zahlungsmittel: einen kleinen Betrag **kanadische Dollar Bargeld** (can. $) und **Reiseschecks** (Traveller Cheques von American Express oder anderen), die auf can. $ ausgestellt sind. Das Einlösen der Reiseschecks ist ganz unproblematisch: Man zahlt im Restaurant, an der Tankstelle oder im Hotel damit und bekommt den Restbetrag in bar zurück. Eurocheques werden in Kanada nicht angenommen, DM-Reiseschecks und Bargeld in DM nur an den internationalen Flughäfen, in großen Hotels und den Hauptgeschäftsstellen der großen Banken umgetauscht (oft zu sehr schlechtem Wechselkurs).

Nehmen Sie eine oder mehrere Kreditkarten mit. Ohne Kreditkarte sind Sie nur beschränkt vertrauenswürdig. Mit Karte ersparen Sie sich viele Schwierigkeiten, beispielsweise bei Hotelreservierungen. Am besten zu verwenden sind in Kanada die an Mastercharge angeschlossene Eurocard und die VISA-Karte. Weniger ver-

breitet sind die DINERS- und die American-Express-Karte.

Der kanadische Dollar ist in 100 Cents unterteilt. Es gibt **Münzen** zu 1 Cent (Penny), 5 Cents (Nickel), 10 Cents (Dime), 25 Cents (Quarter), 50 Cents (half Dollar), 1 und 2 Dollar. Wichtigste Münzen sind Quarter und 1 Dollar. Sie brauchen sie fürs Telefon, alle Arten von Automaten (Getränke bis Waschsalon) und zum Busfahren. Sie sollten stets einen Vorrat in der Tasche haben.

Dollar-Geldscheine (*notes*) gibt es im Wert von 5, 10, 20, 50 und 100 Dollar. Größere Geldscheine und Reiseschecks wie z. B. $ 100 werden in kleinen Läden und an Tankstellen (vor allem nachts) ungern gesehen und sogar manchmal nicht akzeptiert. Lieber im Hotel wechseln lassen und von zu Hause bereits Reiseschecks in $ 20- und $ 50-Stückelung mitnehmen.

Noch ein Hinweis zur Vermeidung von unangenehmen Überraschungen: In Kanada ist es üblich, Preise anzugeben, in denen die Steuern **nicht** enthalten sind. Das bedeutet, daß der Endpreis immer um einige Prozent höher liegt. Seit 1991 kommt zu den regionalen Steuern noch eine Bundessteuer (GST) von sieben Prozent hinzu, die unserer Mehrwertsteuer entspricht. Die bezahlte GST kann man sich nach der Reise zurückerstatten lassen (Formulare und Infos am Flughafen).

Gepäck/Kleidung

Lockere **Freizeitkleidung** ist in Kanada Trumpf. In der Wildnis allemal. Nur wer in den Gourmet-Restaurants und Nightclubs von Vancouver oder Calgary schick ausgehen will oder einen Opernabend plant, braucht noblere Garderobe. Und auch in einigen Restaurants, selbst in der Provinz, heißt es, *proper attire required* (angemessene Kleidung erwünscht). Mit Shorts, Jeans, bunten T-Shirts, Freizeithemden und

Turnschuhen paßt man sich exakt an die kanadische Umwelt an. Doch sollte man für Wanderungen unbedingt ein paar feste (am besten knöchelhohe) Wanderschuhe einpacken und auch einen kleinen Tagesrucksack mitbringen. Je weiter die Kleidung geschnitten ist, desto besser – denn dann können die Moskitos nicht an die Haut. Durch enganliegende Jeans stechen die Biester glatt durch.

Wenn auch der Pazifik abgesehen von den geschützten Stränden auf der Ostseite von Vancouver Island zu kalt zum Baden ist, sollte man doch die Badesachen mitbringen. Im Inland locken zahlreiche saubere Seen, und viele Hotels, Motels und Campingplätze haben eigene Swimmingpools.

Im Frühjahr und Herbst sind warme Pullover, Windjacke und Regenkleidung ein Muß – aber auch in den Sommermonaten leisten sie beste Dienste in den Bergen oder bei Schlechtwettereinbrüchen. Die generelle Regel lautet: Nicht zuviel Kleidung anschleppen. An den meisten Campingplätzen sowie in allen Ortschaften gibt es Waschsalons (*laundry*) mit Waschmaschinen und Trocknern, wo man innerhalb von ein paar Stunden wieder frisch gestriegelt ist.

Falls man mit Rasierapparat oder Fön anreist (die auf 110 Volt umstellbar sein müssen), wird sich ein **Adapter** für die nordamerikanischen Steckdosen als nützlich erweisen. Diesen Zwischenstecker besorgt man sich am besten schon zu Hause, da man in Kanada oft lange danach suchen muß. Auch **Filme** bringt man sich lieber schon von Europa mit, da die Preise in Kanada höher liegen und die Filmentwicklung meist nicht mit eingeschlossen ist.

Für mehrtägige Wanderungen oder Kanutouren in die Wildnis sollten Sie je nach Art der Unternehmung noch weitere Ausrüstung mitnehmen: Schlafsack mit Unterlage, Zelt, Rucksack, Kompaß, Messer, wasserfeste Streichhölzer, Erste-Hilfe-Kit, Überlebens-Kit und Plastikbeutel (auch für den Müll, den man aus dem Busch wieder zurücktransportieren sollte).

Reisezeit/Klima

Sonnige, trockene Sommer mit Höchsttemperaturen über 30 Grad Celsius und extrem kalte Winter sind im Binnenland West-Kanadas die Folgen eines stabilen Kontinentalklimas. Nur entlang der Westküste sind die Niederschläge häufiger und die Temperaturen ausgeglichener: wenig Frost im Winter, dafür aber auch etwas kühlere, feuchtere Sommer als im Inland. Die Jahreszeiten sind ähnlich wie in Mitteleuropa; British Columbia und Alberta liegen nach den Breitengraden etwa zwischen den Alpen und Südnorwegen.

Der ideale Zeitraum für die in diesem Buch beschriebene Rundreise ist die Zeit von Ende Mai bis Anfang Oktober. Von Mitte Juni bis Ende August ist Hochsaison! Dann sind alle Straßen geöffnet, die Tageshöchsttemperaturen liegen, zumindest im Landesinneren, zwischen 25 und 30 Grad, und es regnet nur selten. Das heißt, in Banff, Jasper und anderen wichtigen Touristenzielen sind die Panoramastraßen voll und die Hotels ausgebucht. Doch keine Angst, das Land ist riesig, und schon ein paar Kilometer von den großen Attraktionen entfernt sind die Straßen und Campingplätze wieder weniger gefüllt.

Die Rundfahrt kann aber auch zu anderen Jahreszeiten durchgeführt werden, im Frühjahr oder Herbst. Im Mai/Juni könnte man den Süden der Provinzen besuchen, im Herbst, zur Zeit der Laubfärbung von Mitte September bis Mitte Oktober, können Wandertouren in den Rockies besonders schön sein.

Der Wintertourismus hat sich in den letzten Jahren aufgrund der guten Wintersportmöglichkeiten und des günstigen Preis-Leistungs-Verhältnisses zu einer immer beliebteren Destination bei den europäischen Skisportlern entwickckelt. Und wer – mit entsprechender Kleidung – im Winter zum *heli-skiing*, Langlauf oder Hundeschlittenfahren kommen will, wird angenehm überrascht sein: Die trockene Kälte ist gut verträglich und der Winter noch ein richtiger weißer Winter mit Pulverschnee und Eiszapfen vor dem Hotelfenster.

Zoll

Zollfrei nach Kanada mitbringen darf man außer der persönlichen Reiseausrüstung (Kleidung, Fotoapparat usw.):
- 200 Zigaretten und 50 Zigarren und 400 Gramm Tabak
- 1,1 Liter Alkohol
- Geschenke im Wert von bis zu $ 60 je Empfänger.

Sämtliche tierischen und pflanzlichen Frischprodukte (Obst, Wurst, Gemüse) dürfen nicht eingeführt werden. Die Zoll-beamten sind da unerbittlich – Wurststulle und Orange werden konfisziert. Dagegen sind Gebäck, Käse und Süßigkeiten erlaubt. Ebenfalls problemlos mitbringen kann man Angelgerät. Dagegen ist für eine Video-Ausrüstung eine Zollerklärung nötig, manchmal wird sogar eine Kaution bis zur Wiederausfuhr verlangt.

Den eigenen Wagen darf man bis zu einem Jahr mitbringen, was sich aber nur ab einer Aufenthaltsdauer von mindestens zwei Monaten lohnt. Wenn man seinen Wagen nach der Reise in Kanada verkaufen möchte, heißt es auf kanadische Sicherheitsbestimmungen umrüsten und zusätzlich noch Zoll bezahlen. Bei speziellen Fragen zu den kanadischen Zollbestimmungen setzt man sich am besten mit dem nächsten Konsulat oder der kanadischen Botschaft in Verbindung oder man schreibt an:

Canada Customs
2, Ave. de Tervuren
B-1040 Brüssel
✆ (0 03 22) 7 41 06 70, Fax 7 41 06 94

Auskunft vor Ort

Bester Anlaufpunkt für Wegbeschreibungen, Fragen nach Kanuvermietern oder Tennisplätzen, nach Ranches und Wanderwegen ist das örtliche – meist gut ausgeschilderte – Travel Info Centre. Die hilfreichen »Engel« in diesen Büros können Unterkünfte (auch Bed & Breakfast) vermitteln und Tips für Unternehmungen und Veranstaltungen geben (siehe auch grüne Info-Seiten zu den jeweiligen Tagen). Man muß dort nicht unbedingt hinfahren, sondern kann auch telefonisch anfragen. Beide kanadischen Westprovinzen unterhalten auch eine **Reiseberatung**, bei denen man während der Tour jederzeit kostenlos anrufen kann:

British Columbia ✆ 1-800-663-6000
Alberta ✆ 1-800-661-8888
Alle Provinzen im Internet (englisch und französisch) http://info.ic.gc.ca./Tourism

In den staatlichen Parks erhält man bereits am Eingang eine kleine Broschüre mit Landkarte und kann sich dann im jeweiligen Visitor Centre (nur bei größeren Parks) genauer über Führungen und Veranstaltungen informieren.

Angeln

Daß die Lachse und Forellen in Kanadas einsamen Seen und ungebändigten Flüssen der Traum jedes Hobby-Anglers sind, ist allgemein bekannt. Und wem der Sinn nach einem längeren Angelabenteuer steht, der kann sich von den Fremdenverkehrsämtern der Provinzen (s. S. 197) detaillierte Listen der *camps* und Angelführer zusenden lassen.

Aber auch wer noch niemals eine Angelrute in der Hand hatte, sollte auf der Rundreise durchaus mal sein Glück versuchen. Angel-Lizenzen kosten je nach Provinz und Gültigkeitsdauer zwischen $ 10 und $ 30 und sind in Sportgeschäften und Lodges zu erhalten. Für weitere $ 30 oder $ 40 bekommt man eine kleine Angelrute und einige Blinker, und schon kann es losgehen. Das Angeln auf Forellen und kleinere Fische unterliegt nur wenigen Vorschriften, und das *bag limit*, also die Anzahl der Fische, die man pro Tag aus dem Wasser holen darf, reicht allemal fürs Abendessen. Zwar wird man als Neu-Angler nicht unbedingt auf Anhieb die ganze Familie satt bekommen, aber Spaß macht es in jedem Fall. Petri Heil!

Autofahren

Als verkehrsgeschulter Europäer hat man in Kanada leichtes Fahren: Die Kanadier sind vergleichsweise rücksichtsvolle und gemächliche Fahrer. Was aber nicht heißen soll, daß die Trucks und Flitzer auf den Fernstraßen nicht auch mal drängeln und dicht auffahren. **Landkarten** erhält man von den Info Centres oder an den Tankstellen. Die Orientierung auf Kanadas Straßen ist sehr einfach. Die Überlandstraßen (Highways) sind alle numeriert und mit Ost (East), West, Süd (South) oder Nord (North) gekennzeichnet. Sie brauchen sich also nur die generelle Richtung Ihrer Fahrt

und die Nummer der Straße zu merken und nicht die Ortsnamen, die möglicherweise auf Wegweisern stehen.

Als Mitglied eines europäischen Autoclubs kann man sich von der kanadischen Schwestervereinigung **CAA** (Ausweis mitnehmen) mit Karten und anderem Informationsmaterial versorgen lassen. Dort erhält man auch Auskunft über den Straßenzustand:

B.C. Automobile Association (CAA)
999 W. Broadway
Vancouver, B.C.
✆ (604) 268-5600
Mo–Fr 9–17.30, Sa bis 17 Uhr

Alberta Motor Association (CAA)
4700, 17th Ave. S.W.
Calgary, Alta.
✆ (403) 240-5300
Mo–Fr 9–17.30 Uhr, Sa 9–13 Uhr

Einige Verkehrsregeln und Verhaltensweisen weichen von denen in Europa ab:
- Die **Höchstgeschwindigkeit** ist überall ausgeschildert; auf Autobahnen und Toll Highways (mautpflichtigen Straßen) meist 100 oder 110 km/h, auf zweispurigen Highways meist 80 oder 90 km/h, in Ortschaften 30–50 km/h.
- Das Anlegen der **Sicherheitsgurte** ist in allen Provinzen Pflicht.
- **Schulbusse** mit blinkender Warnanlage, die also Kinder ein- und aussteigen lassen, dürfen nicht passiert werden. Das gilt auch für Fahrzeuge aus der Gegenrichtung!
- **Rechtsabbiegen an roten Ampeln** ist erlaubt – aber erst nach vollständigem Halt und Vergewisserung, daß kein Fußgänger oder anderer Wagen behindert wird.
- Außerhalb von Ortschaften muß man zum Parken oder Anhalten mit dem Fahrzeug **vollständig von der Straße runterfahren.**

– Fußgängern, besonders Kindern, sollte man immer Vorfahrt einräumen. Sobald man als Fußgänger auch nur einen Zeh auf die Straße setzt, halten die Kanadier an – kein schlechtes Vorbild.

– Beim **Parken** in den größeren Orten sollte man unbedingt die Beschilderung beachten und – falls nötig – die Parkuhren füttern. Die Parkwächter finden Ihren falsch geparkten oder überfälligen Wagen mit unglaublicher Zielsicherheit, und urplötzlich flattert ein **Strafzettel** (*ticket*) an der Scheibe. Diesen sollte man dann doch besser bezahlen (auf der Post gibt es die dazu nötige *money order*), denn sonst kommt die Mahnung über die Autovermietfirma nach Europa nachgeflattert. Parken Sie nicht an Bushaltestellen und vor Feuerhydranten! Die Abschleppwagen der Polizei sind schnell zur Stelle, und ein paar Minuten Parken kann dann schnell an die $ 100 Strafe und Abschleppgebühren kosten.

– Eine **Panne** signalisiert man mit hochgestellter Motorhaube. Ein weißes Tuch im Fenster oder ein großes Stück Papier auf die Antenne gespießt, bedeutet, daß Sie unterwegs sind, um Hilfe zu holen. Allerdings sollte man sich in einsamen Gegenden nicht zu Fuß auf den Weg machen. Bleiben Sie beim Wagen, und warten Sie auf den nächsten vorbeikommenden Autofahrer.

Bei Pannen sollte man sich als Mietwagen- oder Mietcamperfahrer zunächst mit seiner **Vermietgesellschaft** in Verbindung setzen, um die weiteren Schritte abzusprechen. Notrufsäulen sind in Kanada unbekannt; man hastet also zum nächsten Telefon und wendet sich bei Notfällen und Pannen an die örtliche Polizei oder – im Hinterland – an die RCMP. Diese informiert dann den Abschleppdienst, Notarzt usw. Auch der CAA unterhält einen eigenen

Pannendienst, den man als Mitglied des ADAC, ÖAMTC und anderer Clubs beanspruchen kann.

– **Benzin** (*gas* oder *gasolin*) gibt es als Normalbenzin (*regular*, 90 Oktan) und Super (*premium*, 100 Oktan). Bleifreies Benzin wird, nicht ganz einheitlich, entweder als *unleaded*, als *no lead* oder als *lead free* bezeichnet. Selbstbedienungs-Tankstellen sind etwas billiger als Fullserv-Tankstellen. Im Norden und auf manchen Nebenstraßen des Südens können die Tankstellen weit auseinanderliegen. Rechtzeitig auftanken ist deshalb sehr wichtig.

Einkaufen

Picknickbedarf und andere Kleinigkeiten für die Rundfahrt sind ohne Probleme in den Supermärkten der Orte und den Läden der Campingplätze zu bekommen. Gepflegtes *shopping* in Boutiquen und Kaufhäusern findet eigentlich nur in den Großstädten statt: an den Einkaufsstraßen Robson und Water Street in Vancouver, in den Malls im Zentrum von Calgary oder an den Plätzen entlang der Douglas Street in Victoria.

Für die Rundfahrt mit dem Camper lohnt es sich, einmal pro Woche in einem größeren Ort die Vorräte aufzufüllen, so daß man auch bei längeren Strecken und Aufenthalten im Hinterland oder in den Parks nicht in Versorgungsnöte kommt.

Gefragte Souvenirs aus West-Kanada sind Westernkleidung und Stetson-Hüte (am besten zu haben in Calgary) und besonders die kunsthandwerklichen Erzeugnisse der Indianer: Schnitzereien, Schmuck oder Skulpturen. Allerdings sind authentische Arbeiten recht teuer – in den renommierten Kunstgalerien ebenso wie in den oft ausgezeichnet bestückten Läden der kleinen Museen (etwa auf Vancouver Island oder in Hazelton). Falls man die Urlaubskasse mit solch wertvollen Stücken nicht über die Maßen strapazieren will, kann man sich vielleicht mit dem Kauf eines schönen, ebenso authentischen und viel preiswerteren Kunstdrucks trösten.

Feiertage/Feste

An den großen Feiertagswochenenden im Sommer sind die Strände auf Vancouver Island und auch die Nationalparks bestens besucht und die Unterkünfte ausgebucht. Vorplanung und frühe Reservierung von Hotels und sogar Campingplätzen sind an diesen Tagen unerläßlich. Als Trostpflaster gibt es dafür am **Canada Day** in vielen Orten Freiluftkonzerte, Wettbewerbe, Paraden und andere Zuschaueraktivitäten.

Zu beachten ist, daß viele der kanadischen Feiertage auf Montage fallen – also ein langes Wochenende daraus wird. Banken, öffentliche Gebäude und Museen sind an den Feiertagen geschlossen.

Offizielle Feiertage:
Neujahrstag (1. Januar)
Good Friday (Karfreitag)
Easter Monday (Ostermontag)
Victoria Day (Montag vor dem 25. Mai, Beginn der Hauptsaison)
Canada Day (1. Juli)
Provincial Holiday (1. Montag im August)
Labour Day (1. Montag im September, Ende der Hauptsaison)
Remembrance Day (11. November)
Thanksgiving (2. Montag im Oktober)
Christmas Day (25. Dezember)
Boxing Day (26. Dezember)
Richtig gefeiert wird von den staatlichen Festtagen eigentlich nur der **Victoria Day** und der **Canada Day** mit Picknick am Strand, Feuerwerk, Parties und Paraden in jedem noch so kleinen Nest.

Für kleinere Feste fragt man beim örtlichen Visitors Bureau nach, wo am nächsten Wochenende in der näheren Umgebung etwas geplant ist. Zu den einzelnen Veranstaltungen gibt es meist ein Rahmenprogramm mit verschiedenen Bands und vielen Aktivitäten. Es lohnt sich durchaus, dafür – oder für eines der zahlreichen kleinen Rodeos – einen Umweg in Kauf zu nehmen.

Kinder

Zwar ist der lange Flug für Kinder oft anstrengend, doch einmal vor Ort, gibt es kaum mehr Probleme. Kanada ermöglicht sehr kinderfreundliches Reisen. Kindermenüs, eigene Sitzkissen und Kindertische in den Restaurants und billige, wenn nicht gar kostenlose Unterbringung in Hotels und Motels sind selbstverständlich. Auto- und Campervermieter stellen gegen geringe Gebühr natürlich auch Kindersitze mit Sicherheitsgurten zur Verfügung.

Besonders mit dem Camper macht den Kindern die Rundfahrt Spaß: Lagerfeuer, Angeln und Grillen oder auch kleine Wanderungen lassen Langeweile nicht aufkommen. Auch die Kanadier reisen viel mit Kind, so daß Kontaktmöglichkeiten nicht ausbleiben: Kinder mit Kindern und Eltern mit Eltern.

Wenn man mit Kind(ern) reist, empfiehlt es sich allerdings, die Tagesplanung etwas lockerer zu gestalten und einige Zusatztage einzuschieben. Vielleicht läßt man sogar die eine oder andere Sehenswürdigkeit weg, um sich mit anderen – und den Kindern – mehr beschäftigen zu können. Hotels in den größeren Städten und viele der Ferien-Lodges und Ranches vermitteln zuverlässige Babysitter oder haben sogar eigene Programme für Kinder.

Maße und Gewichte

Offiziell ist Kanada bereits seit einigen Jahren metrisch. Und die Umstellung hat auch weitgehend geklappt. Auf den Highways

 **Reisedaten**

Temperaturen:

Grad Fahrenheit (°F)	104	100	90	86	80	70	68	50	40	32
Grad Celsius (°C)	40	37,8	32,2	30	26,7	21,1	20	10	4,4	0

Bekleidungsmaße:

Herrenkonfektion

Deutsch	46		48		50		52		54		56		58
Amerikanisch	36		38		40		42		44		46		48

Damenkonfektion

Deutsch	38	40	42	44	46	48
Amerikanisch	10	12	14	16	18	20

Kinderbekleidung

Deutsch	98	104	110	116	122
Amerikanisch	3	4	5	6	6X

Kragen/*collars*

Deutsch	35–36	37	38	39	40/41	42	43
Amerikanisch	14	$14^{1}/_{2}$	15	$15^{1}/_{2}$	16	$16^{1}/_{2}$	17

Strümpfe/*stockings*

Deutsch	35	36	37	38	39	40	41
Amerikanisch	8	$8^{1}/_{2}$	9	$9^{1}/_{2}$	10	$10^{1}/_{2}$	11

Schuhe/*shoes*

Deutsch	36	37	38	39	40	41	42	43	44	45	46	47
Amerikanisch	5	$5^{3}/_{4}$	$6^{1}/_{2}$	$7^{1}/_{4}$	8	$8^{3}/_{4}$	$9^{1}/_{2}$	$10^{1}/_{4}$	11	$11^{3}/_{4}$	$12^{1}/_{2}$	$13^{1}/_{4}$

fährt man Kilometer, an den Tankstellen tankt man Liter, in der Sonne schwitzt man nach Celsius-Graden, und auf den Wanderwegen der Parks läuft man Kilometer. Trotzdem findet man noch öfters – besonders bei Kleidermaßen und aus den USA importierten Produkten – die alten Maßangaben.

Notfälle/Konsulate

Bei allen Arten von Notfällen kann man sich telefonisch an den **Operator** (»0«) wenden. Man nennt Namen, Adresse oder Standort und die Sachlage. Der Operator informiert dann Polizei, Rettungsdienst oder Feuerwehr. In den Nationalparks wird

die Polizeigewalt von den *park wardens*
ausgeübt, die auch für sämtliche Notfälle
zuständig sind.

Falls die Papiere (Reisepaß usw.) verloren gegangen sind, wendet man sich am
besten an das nächstgelegene Konsulat,
das alle notwendigen Schritte veranlaßt:
In Vancouver:
Deutsches Generalkonsulat
704-999 Canada Place
✆ (604) 684-8377

Österreichisches Honorarkonsulat
1810 Alberni St., Suite 202, Suite 7/6
✆ (604) 687-3338

Schweizer Generalkonsulat
World Trade Centre
790-999 Canada Place
✆ (604) 684-2231

In Calgary:
Deutsches Honorarkonsulat
700, 4th Ave. S.W.
✆ (403) 269-5900
Österreichisches Honorarkonsulat
1131 Kensington Rd. N.W.
✆ (403) 283-6526

Ist auch das Geld abhanden gekommen
oder eine größere Ausgabe notwendig, für
die man Geld aus Europa nachkommen lassen muß, so läßt man dies am besten durch
CN/CP Telegraph telegrafisch überwei-
sen. Der Betrag ist meist spätestens nach
48 Stunden im nächstgelegenen CN/CP-
Büro abzuholen. Banküberweisungen dauern oft über eine Woche.

Post

Postämter gibt es sogar in den winzigsten
Orten Kanadas. Die Beförderung einer Post-
karte (Brief und Karte kosten dasselbe
Porto) zurück in die Heimat dauert von
Vancouver oder Calgary etwa fünf bis sie-

ben Tage, aus dem Hinterland einige Tage
länger. Man kann sich auch postlagernde
Sendungen nachschicken lassen, die dann
wie folgt adressiert werden müssen:
(Name)
c/o General Delivery
Main Post Office
Stadt, Provinz
Canada

Das Telefonsystem hat mit dem Postwesen
in Kanada nichts zu tun, daher findet man
in den Postämtern keine Telefonzellen.
Telegramme können bei den Büros des
CN/CP Telegraph aufgegeben werden.

Restaurants/Verpflegung

Kanadas Küche ist – obwohl die nationale
Kochmannschaft auf der Olympiade der
Köche 1984, 1988 und 1992 in Frankfurt
mehrere Goldmedaillen errang – im allgemeinen nicht für ihre Raffinesse bekannt.
Es gibt kein kanadisches Nationalgericht,
der kulinarische Reiz des Vielvölkerstaates
liegt in der Vielfalt seiner Spezialitäten.

Natürlich gibt es Hamburger-Lokale und
anderes Fast-food-Einerlei, zumindest in
den größeren Orten. Doch meist wird in
West-Kanada noch solide gekocht: chinesisch und russisch, italienisch und deutsch.
Und natürlich Steaks. Steaks in allen
Größen und Variationen, mit dampfenden
baked potatoes und süßen Bohnen und
knackigem, frischem Gemüse. Viele Restaurants in Vancouver und entlang der
Westküste servieren ausgezeichneten
Fisch, Heilbutt oder Dorsch zum Beispiel.
Und Lachs gehört sowieso zu den Grund-
nahrungsmitteln in vielen Lokalen. Wildge-
richte findet man dagegen nur selten, denn
die Kanadier jagen nur für den Hausge-
brauch, und nur selten findet mal ein Stück
Wildbret den Weg in die Restaurantküche.

Auf der Rundreise wird es sich vor allem
in den zahlreichen Provinzparks anbieten,

mittags in Gottes freier Natur mit Blick über den See zu picknicken. Das erspart zugleich Zeit und gelegentliche Reinfälle in *coffee shops* oder Imbißhütten, die manchmal nur Karges (und Ungesundes) auf den Plastiktisch bringen. Getränke gibt es entlang der Strecke an Tankstellen und in den kleinen Lebensmittelläden.

Die Restaurants in den grünen Tagesinformationen dieses Buches sind nach folgenden Preiskategorien (ohne Getränke) gestaffelt und bieten durchweg verläßliche, manchmal auch exzellente Küche:

$ – bis 15 can. Dollar
$$ – 15 bis 30 can. Dollar
$$$ – über 30 can. Dollar

Telefonieren

Telefone sind in Kanada (fast) allgegenwärtig: an Tankstellen, vor Supermärkten und manchmal sogar in freier Wildbahn. Benutzen Sie sie. Besonders bei der Reservierung von Unterkünften oder von Ausflugstouren und Restaurants in den größeren Städten lohnt es und erspart Enttäuschungen. Hilfreich ist zu allen Zeiten der **Operator** (»0«), meist eine freundliche Dame, die Rufnummern vermittelt, Vorwahlnummern (*area codes*) durchgibt und auch den Preis eines Gesprächs vorhersagt. Um eine Nummer herauszufinden, ruft man die *directory assistance*. Innerhalb des eigenen Vorwahlbezirks erreicht man sie über die Nummer »411«, für andere Bezirke wählt man die jeweilige dreistellige Vorwahl und dann die Nummer 555-1212. Auskünfte über die gebührenfreien »800«-Telefonnummern gibt es unter ✆ 800-555-1212.

Die Vorwahlnummern in West-Kanada:
(250) British Columbia (B.C.; außer Vancouver)
(604) Vancouver, B.C.
(403) Alberta (Alta.) und Yukon Territory

Das Telefonieren aus der Telefonzelle, dem *pay-phone*, erfordert etwas Übung. Ortsgespräche, die *local calls*, sind noch einfach: man wirft 25 Cents ein und wählt die immer siebenstellige Nummer. Ferngespräche, *long distance calls*, werden in der Aufschrift am Telefon erläutert. Innerhalb der Provinz (also innerhalb des eigenen Vorwahlbezirks) wählt man meist eine 1 und dann die siebenstellige Nummer. Für Gespräche in eine andere Provinz oder in die USA wählt man die 1, die dreistellige Vorwahl und die Teilnehmernummer. Danach meldet sich der Operator oder eine Computerstimme und verlangt die Gesprächsgebühr für die ersten drei Minuten. Spricht man länger, kommt die Stimme wieder und möchte mehr Geld. Es empfiehlt sich also, 25-Cents-Stücke (Quarter) zu horten, um allzeit telefonbereit zu sein. Eine Möglichkeit, dem Quartersammeln zu entgehen, bietet die **Telefonkreditkarte** von **AT & T** (kostenlos in Europa erhältlich für Karteninhaber von Eurocard, VISA, DINERS Club und American Express; gebührenfreie Auskunft ✆ (01 30) 83 88 88). Für Ferngespräche (auch nach Übersee) aus der Telefonzelle oder vom Hotel bezahlt man grundsätzlich immer die volle Drei-Minuten-Gebühr, auch wenn man nur eine Minute sprechen sollte! Vorsicht: In manchen Hotels bezahlt man auch schon diese Grundgebühr, wenn sich der Angerufene nicht meldet, aber man das Telefon öfter als fünfmal klingeln läßt! In Kanada gibt es auch einige Gesprächsarten, die in Europa nicht oder nicht mehr üblich sind. R-Gespräche z.B., bei denen der Angerufene bezahlt. Man wählt dafür 0-Vorwahl-Teilnehmernummer und bittet den Operator um einen *collect call*. Eine weitere Möglichkeit ist der *person-to-person-call*, bei dem man nur bezahlen muß, wenn sich der Angerufene selbst gemeldet oder geholt werden kann.

Vom Hotel/Motel aus kann man entweder über den Hotel-Operator oder direkt innerhalb Kanadas und der USA und auch nach Europa telefonieren. Falls man über einen Code (auf dem Apparat angegeben; meistens 8 oder 9) eine Amtsleitung bekommt, fragt zumeist eine freundliche Stimme nach der Zimmernummer, damit das Gespräch abgerechnet werden kann.

Gespräche nach Europa kosten für drei Minuten ca. $ 8: Am einfachsten läßt man sich vom Operator verbinden und gibt ihm die Landesvorwahl, Stadtvorwahl (ohne die erste Null) und Teilnehmernummer. Man kann sich auch in der Telefonzelle zurückrufen lassen. Eine weitere Möglichkeit, zu Hause anzurufen, ist der Service »**Deutschland Direkt**«. Über die Nummer 1-800-465-0049 kann man von jedem privaten und öffentlichen Telefon in Kanada gebührenfrei eine Vermittlung in Deutschland anwählen, der man die gewünschte Nummer auf Deutsch mitteilt. Die Abrechnung erfolgt hinterher als R-Gespräch, für das der Angerufene zahlt (DM 17 für die ersten drei Minuten, dann DM 2 pro Minute), oder über die Telecard der Telecom.

Trinkgeld

Man gibt, man gibt: bei den *bellboys*, den Kofferträgern, je nach Hotelklasse etwa 50 Cents bis $ 1 pro Gepäckstück, Taxifahrern und Friseuren etwa 15 bis 20 Prozent vom Rechnungsbetrag, in den Bars etwa 50 Cents je Drink und dem Zimmermädchen bei mehrtägigem Aufenthalt $ 3 bis $ 5.

Ein eigenes Kapitel sind die Restaurants: Hier läßt man rund 15 Prozent des Rechnungsbetrages als *tip* auf dem Tisch liegen. Dies ist allerdings nicht als hohes Trinkgeld aufzufassen, da in Kanada das Bedienungsgeld nicht im Preis enthalten ist und die Bedienung überwiegend von den Trinkgeldern lebt und nicht vom Gehalt.

Zeitzonen

Der größte Teil von British Columbia liegt in der Zeitzone der Pacific Standard Time (MEZ minus 9 Std.). Die gesamte Provinz Alberta und ein schmaler Streifen im Südosten von British Columbia gehören zur Zeitzone der Mountain Time (MEZ minus 8 Std.). Zwischen Anfang April und Ende Oktober wird in ganz Nordamerika die Uhr ähnlich wie in Europa um eine Stunde auf Sommerzeit (*daylight saving time*, DST) vorgestellt.

Spezielle Sprachgebräuche in West-Kanada

eh	– humorvoll oft als häufigstes kanadisches Wort bezeichnet; wird am Ende mindestens jeden zweiten Satzes angehängt, wie z.B. in *You're from Germany, eh?*
howdy	– freundliche Begrüßung und verkürzte, abgeschliffene Form

des britschen *How do you do*; man antwortet ebenfalls mit *howdy*. Möglicherweise entstanden durch gleichzeitiges Sprechen und Genuß von Kautabak oder Kaugummi.

powwow	– indianisches Fest, meist mit Tanzveranstaltungen und unter Teilnahme mehrerer Stämme
stampede	– eigentlich das »Durchgehen« einer Rinderherde: heute ein

verbreiteter Begriff für Rodeo (z. B. Calgary Stampede)

twin
roping – Disziplin beim Rodeo, bei der zwei Reiter ein Kalb mit dem Lasso fangen und fesseln müssen.

chuck-
wagon – Planwagen, der einst bei Viehtrieben von den Cowboys als Küchenwagen mitgeführt wurde. Bei manchen Rodeos werden mit diesen Wagen heute Rennen gefahren, die chuckwagon races.

stetson – feiner, meist makellos sauberer Sonntags-Cowboy-Hut

outfitter – Wildnis-, Angel- oder Jagdführer oder auch eine Art Sportgeschäft, die Ausrüstung für Wildnistouren, z.B. Kanus oder Schlafsäcke, aber auch Pferde, vermieten und auch geführte Touren anbieten.

airtaxi – weit verbreitete »Lufttaxis«, also vier- bis sechssitzige Charter-Flugzeuge, mit denen man zu abgelegenen Lodges oder an einsame Seen gelangt.

coach – Reisebus

rafting – Schlauchbootfahren meist auf Wildwasserflüssen (white water rafting) oder, ruhiger und gemütlicher, auf sanfteren Flüssen (float trip)

trail-
riding – geführter Ausritt

self-
guiding
trail – ein meist kurzer (maximal 1 km langer) Lehrpfad in einem Naturpark

parkway – Panoramastraße in einem Nationalpark

hot
springs – heiße Quellen, häufig mit Badeanlagen

warden – das kanadische Pendant zum

US-amerikanischen ranger, also ein Parkaufseher oder Wildhüter

permit – Genehmigung, Lizenz

hypo-
thermia – Unterkühlung, eine Gefahr, vor der in Wanderbroschüren häufig gewarnt wird

RCMP – Royal Canadian Mounted Police; traditionsreiche Bundespolizei Kanadas, die in allen ländlichen Regionen sowie in Orten ohne eigene Polizeitruppe für Recht und Ordnung sorgt, die Straßen patrouilliert und Ansprechpartner für alle Notlagen ist.

MAP – Modified American Plan: Übernachtung mit Halbpension, wird meist in Ranches und Lodges angeboten.

FAP – Full American Plan: Vollpension

The
Cariboo – gebirgige Region um Barkerville im Nordwesten von British Columbia, wo nach 1860 ein großer Goldrausch stattfand

hoodoos – Erosionssäulen, meist aus Sandstein, oft mit einem schweren Stein auf der Spitze

Moose – Elch

Elk – kein Elch! Sondern ein Wapiti, also eine Hirschart

Porcupine – Stachelschwein

Wolverine – Vielfraß

Bald
Eagle – Weißkopfseeadler

Squirrel – Eichhörnchen

Ground
Squirrel – Erdhörnchen

Marmot – Murmeltier

Ortsregister

Die *kursiv* gesetzten Begriffe bzw. Seitenzahlen beziehen sich auf des Service-Kapitel am Ende des Buches, **fette** Hervorhebungen verweisen auf ausführliche Erwähnungen.

Agnes Lake   106
Akamina Parkway   80
Alaska Highway   23
Alberta   10, 15, 22, 23, 77, 78, 89, 100, *198, 206*
Alert Bay   161
An- und Einreise 192 f.
Angel Glacier   121
Angeln   200
Ärztliche Vorsorge   196
Astoria River   115
Athabasca Falls   115, 117, 120
Athabasca Glacier   115, 117, 118, 120
Athabasca River   117, 119
Athabasca Valley   120
Athabasca Valley Viewpoint   115
Auskunft   196
Auskunft vor Ort   199
Auto-/Wohnmobilmiete   193
Autofahren   200

Banff   13, 14, 22, 95, 96 f., **101 ff.**, 111, *198*
- Banff Park Museum   95, 96
- Banff Springs Hotel   104
- Cave & Basin Centennial Centre   95, 96, 103 f.
- Luxton Museum   95, 96
Banff National Park   13, 96, 98, **100 ff.**, 120, *192, 198*
Barkervillev   20, 50, 129, 131, 133, 135, **136 ff.**
Barkley Sound   171
Beardale Castle Miniature-land   57, 60
Beaver Cove   164
Beaver River   67
Bella Bella   157
Bison Paddocks   84 f.
Blackcomb Mountain   41, 46 f.
Blue River   129

Bog Trail   165, 166, 171
Bow Falls   104
Bow Glacier   117
Bow Lake   117
Bow Lake Viewpoint   114
Bow Pass   117
Bow River   90, 91, 94, 97, 99, 100, 102, 104, 105
Bow Summit   114, 117
Bow Valley   103, 104, 105, 110
Bow Valley Parkway   95, 97, 105
Bowron Lake Provincial Park   14
Bowron Lakes   14, 132
Brandywine Falls   40, 41
Britannia Beach   40, 41, 44 f.
- B.C. Museum of Mining   40, 41, 44 f.
Britannia Mountain   44
British Columbia   10, 15, 19, 32, 59, 164, 181, *198, 206*
Broken Group Islands   171
Buchung der Fähre   194
Bulkley River   144, 147 f.
Bulkley Valley   143, 147
Burns Lake   142
Burrard Inlet   32, 33, 35, 37, 38

Cache Creek   40, 49, 52
Calgary   9, 10, 11, 14, 21, 22, 24, 79, **80**, 86, **87 ff.**, 98, 99, *192, 193, 195, 197, 204*
- Banker's Hal   90, 93
- Barclay Mall   87
- Calgary Eaton Centre   87
- Calgary Tower   87, 88 f.
- Canada Olympic Park   95, 98 f.
- Chinatown   87, 94

- Chinese Cultural Centre   87, 94
- City Hal   93
- Civic Centre   93
- Devonian Gardens   87, 88, 94
- Eau Claire Market   87, 94
- Fort Calgary Historic Park   88, 90
- Glenbow Museum   87, 92
- Heritage Park Historical Village   88
- Olympic Plaza   87, 93
- Plus 15 Skywalks   87, 93
- Saddledome Stadion   92
- Stampede Park   92
- Stephen Avenue Mall (8th Ave.)   87, 93
- Toronto Dominion Square   87, 93 f.
Cameron Creek   84
Cameron Falls   84
Cameron Lake   79, 80, 83, 84
Cameron Valley   80
Campbell River   158, 159, 164, 165, 167
Canmore   100
Cape Scott   160
Capilano River   30, 39
Cariboo Highway   133, 134
Cariboo Mountains   20, 128, 131, **132 f.**, 136
Cariboo Waggon Road   20, 49, **50 f.**, 131, **133**
Castle Mountain   105
Cathedral Grove   165, 166, **168 f.**
Cavell Lake   115
Cavell Meadows   116, 121
Cayoosh Creek   48
Chemainus   173, 175 f.
Chilcotin-Region   134
Chilkoot Pass   22

Clearwater 122, 125, 129, 131, 132
Clearwater Lake 131, 132
Clearwater River 131, 132
Coal Habour 30
Coast Mountains 37, 38, 43, 44, 45, 48, 148, 151, 154, 157, *195*
Columbia Forest 60
Columbia Icefield 114, 118 f., 120
Columbia Lake 68
Columbia Mountains 57, 58, **60 f.**, 64, 66, 68
Columbia River 54, 60, 62, 67, 68, 119
Cottonwood House 135, 137 f.
Craigellachie 58
Cranbrook 70, 74 f.
– Canadian Museum of Rail Travel 70, 71, 75
Crowsnest Pass (Ort) 71, 77
Crowsnest Pass 70, **76**

Daly Glacier 112
Dawson City 22, 155
Dawson Falls 131, 133
Duffey Lake 48
Duffey Lake Road 43, 48
Duncan 174, 176
– B.C. Forest Museum 173, 174, 176
– Native Heritage Centre 174, 176

Eagle Pass 65
Edmonton 10, 22, 90
Eiffel Lake 110
Einkaufen 201
Einwanderung 23, 24, 34
Elk River 75
Elko 70, 75
Emerald Lake 106, 110, **113**
English Bay 37
Esquimalt 179

Fairmont 68
False Creek 28, 30, 37
Feiertage/Feste 202
Fernie 76
Field 106, 110, 113
First Narrows 30
Fort Fraser 142
Fort Langley 32
Fort Macleod 79, 86, 91
Fort St. James 139, 142
Fort St. James National Historic Park 139
Fort Steele 63, 70, **72 ff.**
Fort Steele Provincial Heritage Park 71
Fort Victoria s. Victoria
Frank 77
– Frank Slide Interpretive Centre 70, 71, 77
Fraser Canyon 52, 53
Fraser River 19, 20, 21, 32, 37, 43, **50 ff.**, **127**, 134, 136, 140, 150, 181, 191
Fraser Valley 19, 43, 128
Front Ranges 117

Galbraight's Ferry s. Fort Steele
Garibaldi Provincial Park 46
Geld/Devisen 197
Gepäck/Kleidung 197
Giant Cedars Trail 62, 64 f.
Glacier National Park **62**, 64, 66
Glacier National Park, USA 83, 84
Goat Haunt, USA 80, 83
Gold 19 f., 22, 50, 73, 136 ff. 138, 181
Golden 14, 62, 68, 73
Granville Channel 156
Gulf Islands 187, 190

Hagwilget Bridge 148
Hat Creek Ranch 49, 52 f.
Hazelton 139, 144, 145, 148, 150

– 'Ksan Indian Village 139, 144, 145, 146, **148 f.**, *201*
Hazelton Mountains 146
Head-Smashed-In Buffalo Jump 79, 80, **85 f.**
Hector Lake 117
Helmcken Falls 131, 133
Herbert Lake 117
Hermit Range 67
Highway 99 43 ff.
Holzindustrie 9, 45 f., 48, 134, 140, 164, 175, 176
Horseshoe Bay 40, 43
Houston 142
Howe Sound 40, 44 f.
Howse Valley Viewpoint 114
Hudson Bay 17
Hudson Bay Mountain 143, 146
Hudson's Bay Company 17, 19, 21, 32, 141, 181
100 Mile House 131, 133
108 Mile Heritage Centre 131, 133 f.

Icefields Parkway 13, 100, 114, **116 ff.**
Illecillewaet River 64, 66
Illecillewaet-Gletscher 67
Indianische Kunst und Kultur 31, 41, 87, 93, 96, 145, 147, 148 f., 150, 161, 174, 176, 178, 179, 184, 185
Inside Passage 22, 154 ff., *192*
Interior Plateau 141
Invermere 62, 68
Island Ranges 167, 168, 172

Jasper 14, 100, 115, 117, **120 f.**, 122, 126, 129, *195*, *198*
Jasper National Park 14, 98, 115, **117 ff.**, *192*
Johnston Canyon 105

Johnstone Strait 158, 161
Juan de Fuca Strait 187, 189

Kaien Island 144, 153
Kalamalka Beach 49
Kalamalka Lake 55
Kalen Island 144
Kamloops 14, 49, 54, 129
Kamloops Lake 49, 53 f.
Kananaskis Country 100
Kelowna 49, 54
Kicking Horse Pass 110, 111
Kicking Horse River 106, 110, **111**, 112, 113
Kimberley 62, 63, **69**, 70
Kinder 202
Kitwancool 150
Kitwanga 150
– Missionskirche St. Paul's 150
Klondike River 22, 155
Kootenay National Park **62**, 68, 97
Kootenay River 68, 73, 75
Kootenay Valley 73, 75

Lake Kathlyn 139
Lake Koocanusa 75
Lake Louise 95, 97, 100, 106, **107 ff.**, 110
Lake Louise Village 97, 105, 106, **108 f.**, 110, 114, 117
Lake Minnewanka 100
Lillooet 40, 43, 48, 49, **50 f.**
Little Fort 131, 133
Long Beach 165, 171 f.

Mackenzie Beach 166
MacMillan Provincial Park 165, 166, 168
Main Ranges 117
Malahat Summit 174
Maligne Canyon 117, 122, 125, **126**

Maligne Lake 13, 117, 125
Maligne Lake Road 122, 124 f.
Maligne River 124, 125 f.
Mara Lake 58
Maße und Gewichte 202
Medicine Lake 126
Miette River 126
Mistaya Canyon Trail 114
Mistaya River 118
Mistaya River Canyon 118
Monashee Mountains 58 ff., 65
Monte Creek 49, 54
Montréal 18, 33
Moose Lake 127
Moraine Creek 110
Moraine Lake 100, 106, **110**
Moraine Lake Rockpile Trail 106
Moricetown 147
Moricetown Canyon 144, 147
Mount Allan 100
Mount Baker, USA 177, 189
Mount Chephren 118
Mount Currie 40, 47
Mount Edith Cavell 115, 117, 121
Mount Edith Cavell Road 115
Mount Field 113
Mount Murchison 118
Mount Norquay 103
Mount Revelstoke 56, 58, 64
Mount Revelstoke National Park 57, 60 f.
Mount Robson 122, 128
Mount Stephen 112
Mount Terry Fox Viewpoint 122
Mount Victoria 106, 109
Murtle Lake 129
Murtle River 131, 133

Nanaimo 173, 174
Natural Bridge 106, 113
Nechako River 140
New Brunswick 20
New Caledonia 141, 142
New Hazelton 148, 149
New Westminster 32
Nootka Sound 18
Northwest Mounted Police 21, 73, 74, 86, 91
Notfälle/Konsulate 203
Nova Scotia 20

O'Keefe Historic Ranch 49, 55
Okanagan Lake 49, 55
Okanagan River 54
Okanagan Valley 14, 49, 50, **54 f.**, 58
Old Hazelton 148, 149, 150
Oldman River 85
Ölindustrie 9, 22, 23, 91 f., 100
Oliver Lake Provincial Park 152
Olympic Mountains, USA 187, 189
Ontario 20
Osoyoos 54

Paarens Beach Provincial Park 139
Pacific Rim National Park 165, 166, **171 f.**, 175, *194*
Parker Ridge 120
Parker Ridge Viewpoint 114, 120
Parksville 173, 174
Pelzhandel 9, 17, 18 f., 141, 142, 181
Pemberton 40, 43, 47
Penticton 54
Peter Lougheed Provincial Park 100
Peyto Lake 118
Peyto Lake Viewpoint 114, 118

Pincher Creek   70, 71,
  77 f., 79, 85, 99
– Kootenai Brown Historical
  Park & Museum   71
Port Alberni   165, 166, 169,
  175
Port Edward   144, 145, 151
– North Pacific Cannery
  Museum   144, 145, 146,
  151 f.
Port Hardy   153, 158, 160,
  192, 194, 195
Post   204
Prince George   135, 138,
  139, 140, *194*
Prince of Wales Hotel   71,
  78, 84
Prince Rupert   13, 144, 145,
  152, 153, 154, 155, *192,
  194, 195*

Qualicum Beach   165,
  168
Québec   17, 20, 24
Queen Charlotte Islands
  16, 18
Queen Charlotte Strait
  157
Quesnel   131, **134**, 135,
  136, 138
Quinsam River   159

Radar Hill   165, 172
Radium Hot Springs   62,
  68
Rain Forest Trail   165, 166,
  171
Red Rock Canyon   79, 80,
  84
Reisezeit/Klima   198
*Restaurants/Verpflegung
  204*
Revelstoke   14, 56, 57, **60**,
  62, 64
Robson Bight Ecological
  Reserve   158, 163
Rocky Mountain Trench
  68, 128

Rocky Mountains   9, 10, 21,
  22, 62, 66, **75 f.**, 81, 83,
  89, **100**, 107, 110, 113, 116,
  128, 129, *198*
Rogers Pass   62, 67
Rundle Mountain   103

Saskatchewan Glacier   120
Saskatchewan River   118,
  119
Saskatchewan River Cros-
  sing   118
Savona   49
Sea Island   31
Selkirk Mountains   62, 64,
  66 f., 68
Shannon Falls   40, 41, 45
Shuswap Lake   54, 58
Shuswap Lakes   54
Sicamous   56, 58
Sinclair Canyon   62, 68
Skagway, USA   22
Skeena River   139, 145,
  147, 149, **150 f.**, 152
Smithers   139, 143, 144,
  146
South Thompson River   54
Spahats Creek Falls   131
Sparwood   76
Spirit Island   125
Sprachhilfen   206
Squamish   40, 41, 45 f.
St. Lawrence River   17
St. Lawrence Valley   17
Stawamus Chief   45
Stein River   48
Stein River Valley   48
Strait of Georgia   31, 37,
  167, 174, 177, 187, 190
Strathcona Provincial Park
  175
Stuart Lake   139, 141, 142
Sullivan-Mine   69
Sulphur Mountain   95, 100,
  103, 104
Sulphur Mountain Gondola
  96
Summit Road   57, 60

Sunwapta Gorge Valley   115
Sunwapta Pass   118
Sunwapta River   120
Swan Lake   49

Takakkaw Falls   106, 110,
  112
Telefonieren   205
Telegraph Cove   158, 160,
  161, 163
Terrace   144, 150
Tête Jaune Cache   122, 128
Thompson River   9, 53 f.,
  129
Three Valley Gap   57, 60
Tofino   165, 166, 172, 173,
  175
Tofino Inlet   172
Tonquin Valley   115
Toronto   33, 193
Trans-Canada Highway
  23, 43, 53, 54, 59, 62, 64,
  67, 98, 99, 105, 110, 173,
  176 f., 187, **189**
Trinkgeld   206
Tsawwassen   187, 191
Tunnel Mountain Road   97
Turner Valley   22, 91

Ucluelet   166
Unterkunft/Camping   195
Upper Hot Springs   95, 96,
  104
Upper Waterton Lake   78,
  79, 80, **82**, 84

Valley of Ten Peaks   110
Vancouver   9, 10, 11, 14,
  22, 24, **25 ff.**, **31 ff.**, 52,
  182, 187, 188, 189, 190,
  191, *192, 193, 194, 195,
  196, 197, 201*
– Bloedel Conservatory   29,
  30
– Brockton Point   30
– Canada Place   25, 36
– Capilano Suspension Bridge   26

- Cecil Green Park 29
- Chinatown 25, 27, 37, 38
- Chinese Freemason's Building 37
- Chinese Nationalist League Building 27
- Court House 25, 26, 34
- Dr. Sun Yat-Sen Classical Chinese Garden 25, 37
- Gastown 25, 27, 37 f., 191
- Granville Island 28, 29, 30, 191
- Granville Mall 25
- Granville Street 25, 35
- Granville Street Bridge 28
- Grouse Mountain 26
- Harbour Centre 25, 27, 36
- Kitsilano Beach Park 29
- Kuomintang-Building 27
- Lions Gate Bridge 26, 30, 38, 40, 43
- Lonsdale Quay 25, 27, 38
- Maple Tree Square 38
- Marine Building 35
- Maritime Museum 29, 30
- Museum of Anthropology 29, 30
- North Vancouver 25, 38, 43
- Pender Street 37
- Prospect Point 30
- Queen Elizabeth Park 29, 30
- Robson Square 25, 26, 34
- Robson Street 25, 26, 34, 201
- Sam Kee Building 37
- Science World 25, 27
- Stanley Park 28, 29, 30, 38, 40
- Steam Clock 27
- University of British Columbia 43
- Vancouver Aquarium 30
- Vancouver Art Gallery 25, 26, 34

- Vancouver Museum..29, 30
- Vancouver Public Library 35
- West Vancouver 43
- Wongs Benevolent Society 27
- Yaletown 28
Vancouver Island 14, 18, 19, 160 ff., 167 ff., 175 ff., 182, 189, *194, 195, 198, 201, 204*
Vanderhoof 141
Vermillion Pass 97
Vernon 49, **54 f.**, 56, 58
Victoria 14, 19, 32, 174, 177, **178 ff., 186 ff.,** *194*
- Bastion Square 178, 185
- Beacon Hill 187
- Beacon Hill Park 186, 187, 189
- Butchart Gardens 187, 189 f.
- Cadboro Bay 189
- Cattle-Point 186
- Chinatown 185
- Clover Point 186
- Empress Hotel 177, 178, 183, 185
- Fisgard Street 185
- Fisgard-Leuchtturm 179
- Fort Rodd Hill National Historic Park 178, 179
- Government Street 185
- Inner Harbour 174, 177, 178, 182, 185
- Johnson Street 185
- Marine Scenic Drive 186, 187, 189
- Maritime Museum of British Columbia 179, 185
- Market Square 185
- Mount Douglas 187, 189
- Mount Douglas Park 187
- Oak Bay 186, 189
- Parliament Buildings 178, 183 f., 185
- Royal British Columbia Museum 178, 184
- Swartz Bay 187

- Thunderbird Park 178, 184
- Undersea Gardens 178
- Uplands 189

Wale 157, 158, 159, 161, **162 f.**
Walhachin 49, 53
Wapta-Eisfeld 112
Waterfowl Lake 118
Waterton 71, 79, 83, **84**
Waterton Lakes (s. auch Upper Waterton Lake) 83
Waterton Lakes National Park 70, 71, 78, 79, **80 ff.**
Wells 131
Wells Gray Provincial Park 122, 129, **131 ff.**
West Coast Trail 166, 171
Whistler 40, 41, 43, 46
Whistler Mountain 41, **46 f.**, 117, 121
Whistler Village 47
Whiteswan Lake Provincial Park 68
Whizard Chair 41
Wickaninnish Beach 165, 166, 171
Williams Creek 20, 137
Williams Lake 131, 132, 134
Windermere 68
Winnipeg 129

Yellowhead Highway 122, **126 ff.,** 139, 142, 143, 147, 150, 151
Yellowhead Pass 122, 126
Yoho Glacier 112
Yoho National Park 98, 106, **110 ff.**
Yoho River 106
Yoho Valley 106, 110, 112
Yoho Valley Road 106
Yukon Territory **22,** 76, 128

*Z*eitzonen 206
Zoll 198

Namenregister

Armstrong, Frank   75

Babine-Indianer   s. We'tsu-
    we'ten
Barker, Billy   137
Begbie, Judge   138, 185
Blackfoot-Indianer   80,
    85 f.

Caboto, Giovanni (John
    Cabot)   16
Carr, Emily   27, 34
Carrier-Indianer   142, 147
Cartier, Jacques   16
Champlain, Samuel de   17
Charles II., König von Eng-
    land   17
Cheadle, Walter   9, 128,
    129
Chief Kwah   142
Chinesen   24, 37, 94
Christie, Agatha   104
Collie, Norman   119
Columbus, Christoph
    16
Cook, James   18
Cowichan-Indianer   174,
    176

Deighton, Jack   38
DeSmet, Missionar   124
Douglas, Sir James   181

Egin, Herbert   60
Engländer   17, 31
Erikson, Arthur   34

Franzosen   17
Fraser, Simon   19, 52, 134,
    139, 140, 141
Frobisher, Martin   17

Galbraight, John   73
Gassy Jack   s. Deighton,
    Jack
George III., König von Eng-
    land   140
Gitksan-Indianer   145, 148,
    149, 150
Grace, Mr   74

Haida-Indianer   16
Hatsination, Pierre   127
Hector, James   111
Hezeta, Bruno   18
Horne, William van   59, 66,
    104
Hudson, Henry   17
Hutter, Jacob   78
Hutterische Brüder   77 f.

Indianer   9, 16, 18, 19, 21,
    48, 85, 99, 125, 126, 147 f.,
    184
Interior Salish-Indianer   47

Kipling, Rudyard   180, 189
Kootenai Brown   84
Kootenay-Indianer   73
Kwakiutl-Indianer   161, 185

Lytton-Indianer   48

Mackenzie, Alexander   18
Martin, Mungo   185
McCabe, Frank   103
McCardell, Tom   103, 104
McCardell, William   103,
    104
McDonald, Premierminister
    112
McKay, Bill   161, 162,
    163

Milton, Viscount   9, 128,
    129
Moberly, Walter   65
Monroe, Marilyn   105
Mount Currie Band   47
Muir, John   81

O'Keefe, Familie   49

Perez, Juan   18
Prärieindianer   16

Quadra, Bodega y   18

Revelstoke, Lord   21, 60
Rogers, A. B., Major   66
Rupert, Prinz   17

Safdie, Moshe   35
Schubert, Augustus   55
Schubert, Katharina   55,
    129
Spanier   18, 31
Steele, Samuel   73

Tête Jaune   s. Hatsination,
    Pierre
Thompson, Wolf   137
Tsimshian-Indianer   148

Unterberger, Adi   69

Vancouver, George   18, 183
Victoria, Königin von Eng-
    land   109, 179, 181, 183

We'tsuwe'ten   147, 148,
    150
Wilson, Tom   107
Wooley, Hermann   119

213

vista point
pocket guides

DM 19,80

- Zahlreiche **farbige Abbildungen** und Routenkarten.

- Kompakter Auftritt im Taschenbuchformat mit **flexiblem Einband.**

- **Praktische Handhabung** und problemlose Orientierung durch moderne Symbolik un klares Schriftbild.

- **Übersichtskarte** in der Umschlagklappe.

- Nützlich vor Ort, mit vielen Adressen und Tips zu **Hotels Restaurants, Sehenswürdigkeiten** und **Museen.**

- **Der rote Faden** für unterwegs: Routenbeschreibungen von Landeskennern erprobt.

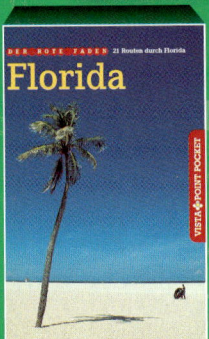

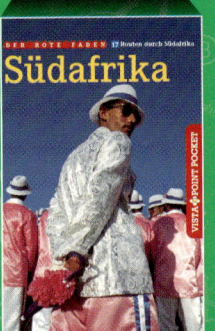

Neu: '98
Karl Teuschl
Florida
240 Seiten mit ca. 100 Farbabb. und 25 Karten. ISBN 3-88973-327-1, DM 19,80, sFr 18,80, öS 145,00.
21 Routen bringen die Highlights des »Sunshine State« auf die Reihe und erschließen die Vielfalt und Schönheit dieses sehenswerten Ferienlandes mit Karibikflair und Südstaaten-Nostalgie.

Neu: '98
Karl Teuschl
Hawai'i
240 Seiten mit ca. 100 Farbabb. und 25 Karten. ISBN 3-88973-326-3, DM 19,80, sFr 18,80, öS 145,00.
Der Traum von der Südsee, von Tropenzauber und idyllischem oder lebhaftem Strandleben wird hier erfüllt: 16 Routen führen durch die glücklichen Inseln inmitten des Pazifiks.

Neu: '98
Elke u. Dieter Loßkarn
Südafrika
240 Seiten mit 104 Farbabb und 24 Karten. ISBN 3-88973-322-0, DM 19,80, sFr 18,80, öS 145,00.
17 Routen führen von der quirligen Stadt Johannesbur in die schönste Stadt der We nach Kapstadt. Die vielen Facetten dieses Landes werden dem Reisenden auf spar nende Weise nahegebracht.

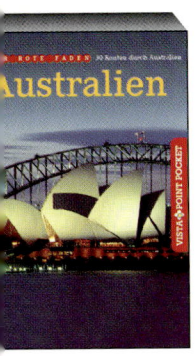

NEU: '98

Dieter Kreutzkamp

Australien

240 Seiten mit 144 Farbabb. und 32 Karten. ISBN 3-88973-324-7, DM 19,80, sFr 18,80, öS 145,00.
10 Routenvorschläge erschließen die Faszination und Weite des 5. Kontinents nach dem Fly-and-Drive-Prinzip; mit Zusatztagen für Tasmanien.

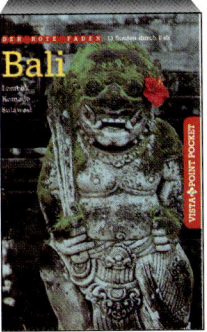

NEU: '98

Michael Möbius/
Annette Ster

Bali

200 Seiten mit ca. 95 Farbabb. und 21 Karten. ISBN 3-88973-325-5, DM 19,80, sFr 18,80, öS 145,00.
13 Routenvorschläge für die »Insel der Morgenröte«: Sie folgen den Küstenlinien ebenso wie den Wegen durch die Vulkanbergwelt des Innern.

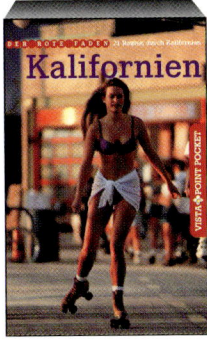

NEU: '98

Horst Schmidt-Brümmer

Kalifornien

240 Seiten mit 127 Farbabb. und 22 Karten. ISBN 3-88973-321-2, DM 19,80, sFr 18,80, öS 145,00.
21 Routenvorschläge für den Goldenen Staat: von den Mammutbäumen der nördlichen Nebelwälder bis zu den heißen Wüsten des Südens.

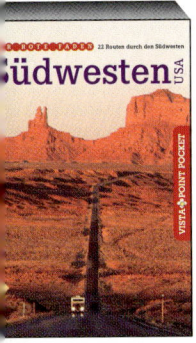

NEU: '98

Horst Schmidt-Brümmer/
Karl Teuschl

Südwesten USA

216 Seiten mit 119 Farbabb. und 23 Karten. ISBN 3-88973-320-4, DM 19,80, sFr 18,80, öS 145,00.
22 Routenvorschläge für den amerikanischen Südwesten: von Los Angeles über Las Vegas und die Nationalparks bis nach Santa Fe und zurück zum Pazifik.

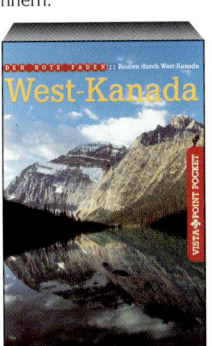

NEU: '98

Karl Teuschl/Wolfgang R. Weber

West-Kanada

216 Seiten mit 123 Farbabb. und 21 Karten. ISBN 3-88973-323-9, DM 19,80, sFr 18,80, öS 145,00.
22 Routenvorschläge für die schönsten Regionen von British Columbia und Alberta, beginnend in Vancouver und durch die Rocky Mountains.

Bildnachweis

British Columbia Archives and Records Service, Victoria: S. 23
City Archives, Vancouver: S. 18
Public Archives, Ottawa: S. 17 u.
Karl Teuschl, München: Schmutztiteldia, S. 15, 20, 24, 27, 32, 35, 36, 38, 39, 42/43, 45, 46,
  48, 50, 52 u., 53, 55, 57, 60, 61 o., 65, 66 o., 67 o., 69, 72, 76, 89, 98, 99, 105, 112, 116, 143,
  160, 162, 167/168, 179, 184, 188, Umschlagrückseite
Wolfgang R. Weber, Darmstadt: Umschlagvorderseite, S. 2/3, 6, 8, 9, 11, 12, 17, 19, 24, 31, 34,
  35, 44, 52 o., 58, 59, 61 u., 63, 64, 67 u., 68, 71, 73, 74, 75, 78, 81, 82, 83, 84, 85, 86, 88, 92,
  97, 101, 102, 103, 107, 108/109, 111, 113, 118, 120, 123, 126/127, 128, 129, 130, 132, 136/137,
  138, 141, 142, 145, 146, 149, 150, 152, 154, 155, 156, 157, 159, 161, 163, 164, 166, 167, 171,
  172, 175, 180/181, 182/183, 190

Umschlagvorderseite: Cavell Lake. Foto: Wolfgang R. Weber, Darmstadt
Vordere Umschlagklappe (innen): Übersichtskarte von West-Kanada
Schmutztiteldia (S. I): Kanada-Flagge. Foto: Karl Teuschl, München
Haupttitel (S. 2/3): Cavell Lake im Jasper National Park. Foto: Wolfgang R. Weber, Darmstadt
Umschlagrückseite (außen): Grizzly. Foto: Karl Teuschl, München

Konzeption, Layout und Gestaltung dieser Publikation bilden eine Einheit, die eigens für die
Buchreihe der **vista point pocket guides** entwickelt wurde. Sie unterliegt dem Schutz geistigen Eigentums und darf weder kopiert noch nachgeahmt werden.

© 1999 Vista Point Verlag, Köln
Alle Rechte vorbehalten
Reihenkonzeption: Dr. Horst Schmidt-Brümmer, Andreas Schulz
Lektorat: Dr. Andrea Herfurth-Schindler, Sebnem Yavuz
Layout und Herstellung: Britta Wilken, Andreas Schulz
Reproduktionen: Litho-Köcher, Köln
Karten: Berndtson & Berndtson, Fürstenfeldbruck, Kartographie Huber, München, und Repro
  Rózsa, Köln
Gedruckt auf chlorfrei gebleichtem Papier

Printed in Italy
ISBN 3-88973-323-9